中国百种蝗虫原色图鉴

A Guide to 100 Species of Grasshoppers in China

张龙　主编

中國農業大學出版社
China Agricultural University Press

·北京·

内容简介

蝗虫种类繁多，不仅有重要农业害虫，也有许多需要保护的种类，是生态系统中的重要组成部分，对于维持生态平衡具有重要作用。本书对主要蝗虫类群的栖境、生物学、分布进行简单介绍；采用原色照片描述了100余种我国常见蝗虫外部形态鉴别特征，易于读者迅速掌握特征，进行种类鉴别。

图书在版编目（CIP）数据

中国百种蝗虫原色图鉴 / 张龙主编 . —北京：中国农业大学出版社，2019.8
ISBN 978-7-5655-1745-7

Ⅰ.①中… Ⅱ.①张… Ⅲ.①蝗科－中国－图谱 Ⅳ.①G969.26-64

中国版本图书馆 CIP 数据核字（2016）第 295617 号

审图号：GS（2018）4941 号

书　名　中国百种蝗虫原色图鉴
作　者　张 龙 主编

策划编辑　张秀环　　**责任编辑**　张秀环
封面设计　郑 川
出版发行　中国农业大学出版社
社　址　北京市海淀区圆明园西路 2 号　　**邮政编码**　100193
电　话　发行部　010-62731190,2620　　读者服务部　010-62732336
编辑部　010-62732617,2618　　出 版 部　010-62733440
网　址　http://www.cau.edu.cn/caup　　e-mail　cbszs @ cau.edu.cn
经　销　新华书店
印　刷　北京时捷印刷有限公司
版　次　2019 年 8 月第 1 版　　2019 年 8 月第 1 次印刷
规　格　889×1 194　16 开本　10.25 印张　360 千字
定　价　380.00

编审人员

主　编：张　龙

副主编：印　展　杨普云　尹学伟

编　者：张　龙　尹学伟　张　杰　张欣杨　曾铄程（中国农业大学）

杨普云　朱景全　任彬元　卓富彦　杨清坡（全国农业技术推广服务中心）

钟艳龙　余　浪　马丽娟　李广华（新疆维吾尔自治区植物保护站）

单绪南（农业农村部农垦局）

印　展（河北大学）

赵　昆（北京市平谷区植物保护站）

席瑞华　刘举鹏（中国科学院动物研究所）

陈　阳　黄俊霞（内蒙古自治区植物保护检疫站）

张　磊（四川省甘孜州植物保护站）

阳积文　范春斌（天津市北大港湿地自然保护区管理中心）

主　审：印象初（河北大学）

序

蝗虫是生态系统中的重要组成部分。自古以来，人类就一直与蝗虫争夺口粮。蝗虫暴发所形成的蝗灾给人类社会和经济造成严重影响。在中国古代蝗灾与旱灾、水灾并称为农业生产的三大自然灾害。蝗灾之深重、历史之久远，是其他害虫所不及的。国内有重要经济价值的种类有几十种，常暴发，威胁农牧业生产，防治蝗虫灾害对于保障人类食物安全仍具有十分重要的现实意义。蝗虫种类繁多，分布广泛、生境多样，是生物食物链中的重要组成部分，适当保护稀有和无害的蝗虫，有利于维持生态平衡。人类很早就有食用蝗虫的记载，近年来，得到一些人的爱好，蝗虫成为美食之一，不少地方已批量养蝗，满足国内外的需要，取得了一定的经济效益。正确鉴定蝗虫种类对于防治蝗害、保护生态和开发利用都是十分重要的基础工作。

国内关于蝗虫种类的鉴定已有很多专著，但大多是基于检索表的文字描述分类特征，初学者和基层农业技术人员以及昆虫爱好者难以在短时间准确把握鉴定特征。本书作者通过较为广泛采集、对蝗虫的分类特征进行原色拍照、结合参考已有分类著作的描述等，编写成书。本书的突出特点是：种类的原色分类特征图片易于辨识，有助于初学者、昆虫爱好者和基层农业技术人员正确识别常见蝗虫的种类，可见图识蝗；对于蝗虫分类、系统学及防治技术研究亦有重要参考价值。

2017年12月1日

于河北大学

前 言

蝗虫是一类十分常见的昆虫。自古以来，蝗虫多是与蝗虫暴发造成的灾害即蝗灾联系在一起。从古埃及时期一直到 21 世纪都出现过蝗虫的毁灭性暴发。在中国，自公元前 707 年有记载的蝗虫灾害以来，到 20 世纪已记载的蝗灾多达 800 余次。古代用人工扑打、火烧、填埋等方法防治蝗灾，直到 20 世纪初开始大量喷洒化学杀虫剂，同时积极开发出了生态控制和生物防治等新方法，开展综合治理，使蝗虫暴发的频率大大降低。有些种类的蝗虫其形态和生理特性是随种群密度的变化而变化，有成群远距离迁飞的能力，通常称为“飞蝗”。全世界共有 10 多种，在我国常见的具有迁飞性的种类有飞蝗（*Locusta migratoria*），其中包括东亚飞蝗、亚洲飞蝗、西藏飞蝗 3 个地理亚种，意大利蝗虫（*Calliptamus italicus*）和亚洲小车蝗（*Oedaleus asiaticus*）等。飞蝗暴发常常造成十分严重的损失。如沙漠蝗可造成全球性的危害，暴发时占陆地面积的 20%，危害 60 多个国家。最近一次暴发在 1986－1989 年，防治沙漠飞蝗的费用高达 40 亿美元。多数蝗虫种类并不随着种群密度的改变而在形态生理发生变化，通常称为“土蝗”，土蝗的暴发也会给农牧业造成损失。蝗虫种类多、分布广、数量大，因此直到今天仍然是严重威胁农牧业生产的重要害虫，需要人们有效地预警监测和防控，以保障粮食和农产品生产供给安全。

然而，从生态学角度看，蝗虫是草原和农业生态系统中一种重要动物群落。这是因为蝗虫数量庞大，在欧亚大陆的牧场、草原、半沙漠和北美洲的草原，每平方米几十只（在突发时能达到几千只）。在中国、哈萨克斯坦、俄罗斯、蒙古的草原上，蝗虫是优势植食性动物群落。除数量大之外，蝗虫种类也繁多，据估计全世界蝗虫种类多达上万种，我国也有上千种。而在某 1 种生态系统，如森林草原、草原、半沙漠和沙漠中，蝗虫的群体通常是由几十种组成。蝗虫在生态系统的功能十分重要。首先，被蝗虫取食植物叶片后的有些植物的生长反而被促进。其次，蝗虫作为草本生物群落不可分割的组成部分在营养物质的循环中起着重要作用。蝗虫不只取食植物，同时把植物弄碎成小块，利于其他动物、真菌和细菌再利用，在蝗虫取食的同时也为其肠道中的共生微生物提供营养。最后，蝗虫是草原动物特别是鸟类和爬行动物的主要食物，因此是食物链中十分重要的环节。值得指出的是有些蝗虫种类的数量十分稀少，但是在生物多样性方面可能发挥重要作用，应该进行保护以防止灭绝。

综上所述，蝗虫是重要的农牧业害虫，也是生态系统中重要组成部分，为能够有效地预警、监测和防治蝗虫灾害，保持生态平衡和生物多样性，需要正确地识别蝗虫种类，才能掌握各种蝗虫的生物学和生态学，为制定科学的蝗虫管理方案提供基础，这也是撰写本书的目的。

本书第一章简单地介绍了蝗虫栖境和生物学特性之后，采用原色照片和描述相结合的方式详细地介绍了本书鉴定蝗虫所用的重要形态学特征；第二章采用原色照片与描述相结合对 102 种蝗虫的鉴别形态学特征进行了描述，部分相近的种类进行了比较。由于作者水平有限，难免有疏漏，望读者批评指正。

本书的主要内容是在公益性行业专项——我国迁移性蝗害绿色防控技术研究与示范支持下完成的，从蝗虫种类的采集和鉴定、成稿历时 5 年多。该书中的 50 余种蝗虫材料由中国科学院院士、河北大学印象初教授提供，这极大地丰富了本书的内容。除此之外，在形成书稿的过程中印象初院士多次认真修改内容，提出了十分宝贵的建议。作者十分有幸邀请印象初院士为本书写下序言。本书的出版也得到了全国农业技术推广服务中心的资助。在此，作者对于农业农村部项目和全国农业技术推广服务中心给予的资助、印象初院士的慷慨支持表示最衷心的感谢。

张龙

2018 年 3 月

于中国农业大学绿苑

目 录

第一章
蝗虫生物学

1. 蝗虫的分布与生态栖境

我国目前记录的蝗虫种类超过1000种，分布在草原、沙漠、沼泽湿地、森林和农田生态系中。在新疆、内蒙古、甘肃、青海的广袤草原上（图1-1），常见种类有新疆地区意大利蝗 *Calliptamis italicus*，驼背蝗 *Pyrgodera armata*，束颈蝗 *Sphingonotus* spp.，西伯利亚蝗 *Gomphocerus sibiricus*，土库曼蝗 *Ramburiclla ruecomana*，波腿蝗 *Asiotmethis* spp. 等。在甘肃和内蒙古地区分布的主要种类有突颜蝗 *Eotmethis* spp.，华癞蝗 *Sinotmethis* spp.，中华佛蝗 *Phlaeoba sinesis*，长翅草绿蝗 *Parapleurus alliaceus*，亚洲小车蝗 *Oedaleus asiaticus*，痂蝗 *Bryodema* spp.，皱膝蝗 *Angarcris* spp.，宽翅曲背蝗 *Pararcypoera microptera*，中华稻蝗 *Oxya chinensis*，笨蝗 *Haplotropis* spp.，宽须蚁蝗 *Myrmeleotettix palpalis*，突鼻蝗 *Rhinotmethis hummeli*，短鼻蝗 *Filchnerella* spp.，雏蝗 *Chorthippus* spp. 等。在农田生态系统中则分布有大垫尖翅蝗、黄胫小车蝗、稻蝗等。在森林生态系统中有竹蝗、棉蝗、长翅幽蝗等。

蝗虫的发生与所在生态环境关系密切。所有蝗虫均以植物为食，因此在不同的生态系统中的植物类群和丰富度与蝗虫种类和种群数量动态有着密切的关系。蝗虫是相对活跃的昆虫，常常从一个栖境迁移到另一个栖境，在不同栖境迁移是蝗虫的重要习性，这种迁移很大程度上是因为在原来的生态系统中蝗虫赖以生存的植物缺乏。在蝗虫栖境中存在有大量的蝗虫天敌，包括寄生性的昆虫、微生物，捕食性的昆虫和其他动物。这些天敌是限制蝗虫种群数量暴发成灾的重要自然控制因素。最为壮观的是，蝗虫霉疾病的流行造成整片草场上的蝗虫抱草而死。

图 1-1 蝗虫栖息的各种生态环境

①四川甘孜高原草原生态系统；②吉林农安蝗虫发生区的生态系统。

③内蒙古草地生态系统；④新疆森林与草原生态系统；⑤山东、河北飞蝗发生区；⑥新疆草场；⑦内蒙古农牧交错区；⑧ 2010 年在新疆草场发生大规模蝗虫抱草瘟。

2. 蝗虫的基本生物学特性

2.1　变态与生活史

蝗虫为不完全变态昆虫，一生要经历 3 个虫态，即卵、若虫（蝗虫若虫也称为蝗蝻）和成虫。蝗虫从卵开始发育到成虫性器官成熟并能产卵时为止，称 1 个生活周期或者生活史，又称为 1 个世代，简称 1 代（图 1-2）。发生世代的次数与蝗虫种类、分布及温度相关。有的蝗虫 1 年仅发生 1 代，如棉蝗、中华稻蝗、意大利蝗等，有的蝗虫 1 年发生 2 代，如大赤翅蝗、黄胫小车蝗、疣蝗等，飞蝗平均每年发生 1 代，而在某些地区，随着温度和季节的变化，每年可发生 2~4 代。

图 1-2　飞蝗生活史

2.2 孵化、蜕皮和羽化

孵化指卵内的胚胎发育完成后，蝗虫破壳而出的现象。蜕皮指蝗蝻形成新表皮而将旧表皮脱去的过程。龄期，指蝗蝻相邻 2 次蜕皮之间所经历的时间。蝗蝻每蜕 1 次皮，即增加 1 个龄期。蝗虫最后 1 次蜕皮变为成虫的过程，称为羽化。

蝗虫的龄期为 4 ~ 6 个，大多数为 5 个。同种蝗虫雌、雄个体的龄期也不一定相同，如飞蝗雄性、雌性均有 5 个龄期，而意大利蝗雄性有 5 个龄期，雌性有 6 个龄期。

2.3 交配

雌、雄性均性成熟后，即可进行交配。交配时，雄性爬上雌性背部，抱住雌性前胸背板，晃动腹端从雌性腹部侧面找到雌性生殖器，然后将交接刺插入雌性生殖器中进行交配（图 1-3）。

交配时间一般持续 4 ~ 5h，最长的可达 16 ~ 18h。交配中的雄性不能取食，会通过摩擦前翅发声、后足蹬踏等方式拒绝前来凑热闹的另 1 只雄性；雌性虽然行动较迟缓，但是仍可以进行跳跃和取食。雌性一生可多次交配，一般为 20 ~ 25 次，最多可超过 40 次。

图 1-3　飞蝗交配

2.4 产卵

待体内蝗卵成熟后，雌性即可产卵。产卵时，雌性首先选择产卵地，然后利用 2 对产卵瓣在产卵地钻孔，以使其腹部全部插入土中。钻孔完成后，雌性将卵逐粒产出，同时分泌胶液筑造卵室，成为卵囊（卵块）。待产卵完毕后，雌性并不立即离开，还要用后足推拨土粒以填平产卵孔道。

2.5 食性

蝗虫是植食性昆虫，不同的蝗虫的食性具有很大差别，对不同的食物有不同的选择性，如毛足棒角蝗、宽翅曲背蝗、小车蝗喜食羊草，短星翅蝗和鼓翅皱膝蝗喜食冷蒿、变蒿和双齿葱。根据蝗虫取食植物种类的广泛与否可分为单食性、寡食性和多食性。飞蝗取食禾本科与莎草科植物，如芦苇、稗草、水稻、玉米、莎草等，不喜食大豆、甘薯、棉花等植物，如果飞蝗强迫取食，将不能完成生活史，或不能产出蝗卵。

2.6 聚集和型变

聚集是指同种蝗虫个体大量聚集在一起的行为。有些蝗虫种类，如飞蝗和意大利蝗就有聚集行为。有些种类的蝗虫，如飞蝗随着其密度的增加或降低，而外部形态和行为都会发生改变，称为型变。聚集生活的蝗虫，在体色、体型、生活习性、生理、发育及行为上与散居生活的蝗虫明显不同，称为群居型，属昆虫的多型现象（图 1-4）。飞蝗的蝗蝻和成虫均可聚集，蝗蝻聚集在一起，数量从几十头到几千头，甚至几十万头不等，或集体“日光浴”，或一起向前跳动；成虫大量聚集，只要环境条件适宜，蝗群便可向新的地区迁飞。

图 1-4 群居型（左）和散居型（右）五龄蝗蝻

3. 蝗虫种类鉴定特征

蝗虫的外部形态特征是其分类和鉴定的基础。蝗虫属于节肢动物门昆虫纲，具有昆虫典型特征，身体分头、胸、腹 3 部分，胸部有 3 对足，2 对翅（图 1-5）。

蝗虫是属于直翅目蝗亚目，体型一般中到大型；口器咀嚼式；前胸背板马鞍状；后足跳跃式；前翅窄长，加厚成皮革质，称为覆翅，后翅膜质，扇形，翅脉多直脉；雌性具有发达产卵器，雄性外生殖器被第 9 节腹板所包；尾须短，分节不明显；触角和产卵器短，在腹部第 1 节两侧各有 1 个听器；跗节 3 节。在鉴定属和种时需要更详细的形态特征，包括体型大小、形状、体色、条纹和斑点、突起等，这些形态特征常常有特殊的名称，读者需要知道这些名称才能使用本图鉴。

图 1-5　飞蝗外部形态

1. 头；2. 胸；3. 腹；4. 触角；5. 前足；6. 中足；
7. 鼓膜器；8. 后足；9. 气门；10. 翅。

3.1　头部

蝗虫头部一般较短，呈卵圆形或三角形（图 1-6 ①、②）。头壳上有 1 对触角，1 对复眼，3 个单眼。头壳下部着口器，为典型下口式口器。口器前部有唇基与上唇，两侧为上颚、下颚与下颚须，后部为下唇与下唇须，口器中间为舌。

头壳上还有一些可见的线和沟，如蜕裂线、额隆线、侧隆线、围眼沟、额颊沟、额唇基沟、颊下沟、后头沟等（图 1-6 ①），这些线和沟将头壳分为几个区（图 1-6 ②）。额唇基区为头壳前面的区域，包括额与唇基，额为额唇基沟、额颊沟、蜕裂线围城区域，唇基为额唇基沟以下、唇以上区域。蜕裂线以后，复眼之间的顶部称为颅顶区，头顶区之后为后头区。在复眼以下头的两侧称为颊。口侧区为颊下沟下方的狭片。

图 1-6　蝗虫的头部

1. 触角；2. 复眼；3. 单眼；4. 蜕裂线；5. 额隆线；6. 围眼沟；7. 侧隆线；8. 额颊沟；9. 额唇基沟；10. 颊下沟；11. 后头沟；12. 唇基；13. 上唇；14. 上颚；15. 下唇；16. 下颚须；17. 下唇须；18. 颅顶；19. 颊；20. 额；21. 口侧区；22. 后头区。

蝗虫触角着生于侧单眼的前下方触角窝内。第 1 节较粗短，称为柄节，第 2 节稍长，称为梗节，之后各节总称为鞭节。蝗虫触角一般为线状，但是也有其他形状，如剑状（图 1-7 ①）、槌 状（图 1-7 ②）。触角长度描述一般为刚达到前胸背板后缘（1-7 ③）或者远超前胸背板后缘（1-7 ④）。

图 1-7　蝗虫头部正面与触角形态

①剑状触角；②槌状触角，端部膨大；③触角丝状，刚达到前胸背板后缘；
④触角丝状，远超过前胸背板后缘。

3.2　胸部

胸部是蝗虫的运动中心，包括前胸、中胸和后胸 3 个胸节，每个胸节生有 1 对足，分别为前足、中足和后足。在具翅的蝗虫种类中，中胸、后胸分别生有前翅和后翅。前、后翅的长度在不同蝗虫种类中差别较大，有的超过腹端部，有的仅到达腹中部或者更短。

3.2.1　前胸背板

蝗虫前胸位于头后部颈膜与翅胸节之间，大而明显，尤其背板发达，覆盖背面与侧面，呈马鞍形，称为前胸背板。前胸背板结构主要包括前缘、后缘、前横沟、中横沟、后横沟、中隆线、侧隆线（图 1-8）。前胸背板的形状是重要的分类特征。

从背面看前胸背板，即背面观，可以鉴别的形态特征如下：

（1）头和头顶中央是否凹陷，端部的形状（如钝圆、钝角等）。

（2）前胸背板前、后缘的形状（如圆弧形、锐角、钝角等）。

（3）前胸背板的“3 横”是否明显，哪条横沟将中隆线割断，切割得深浅（是否形成凹口）。

（4）沟前区和沟后区的相对长度。

短星翅蝗前胸背板的形态可以描述如下：头顶端部低凹。前胸背板前缘平直，后缘钝圆；“3 横”（前、中、后横沟）“3 纵”（中隆线和 2 条侧隆线）均明显，“3 横”均将中隆线较浅地割断；沟前区和沟后区几乎等长（图 1-8）。

图 1-8 头胸背面观（短星翅蝗）

1. 前胸背板前缘；2. 侧隆线；3. 前横沟；4. 中横沟；5. 后横沟；6. 中隆线；7. 前胸背板后缘；8. 头顶；9. 沟前区；10. 沟后区。

从侧面看头部及前胸背板，即侧面观，可以鉴别的形态特征如下：

（1）前胸背板中隆线的隆起情况（如不隆起、较隆起、强烈隆起等），被横沟切割的情况（如 1 个凹口、多个凹口）(图 1-9)。

（2）头侧窝形状（如四边形、多边形、圆形等），复眼形状（如卵形、长卵形等）。(注：头侧窝在有些蝗虫种类中不明显或者消失。)

（3）头顶与颜面形成的角度（如钝角、直角、锐角等）。

图 1-9 前胸背板侧面观

前胸背板隆起的程度：① 隆起较低；② 呈片状较高地隆起；③ 强烈隆起，侧面观呈圆形。前胸背板中隆线被横沟切割的程度：④ 具有 1 个凹口；⑤ 具有 2 个凹口；⑥ 具有 3 个凹口。

以飞蝗为例，其前胸背板侧面可以描述为：颜面略向后倾斜，与头顶呈直角或钝角。前胸背板中隆线较隆起，可见被后横沟切割形成的小凹口 (图 1-10) 。

图 1-10　头胸侧面观(飞蝗)

1. 前胸背板中隆线；2. 背板侧片；3. 侧片前缘；4. 侧片后缘；
5. 侧片前下角；6. 侧片后下角。

3.2.2　胸部腹板

蝗虫胸部的腹板一般包括 3 部分，即前胸腹板、中胸腹板、后胸腹板（ 图 1-11 ）。第 1 腹节的腹板常并入胸节。

胸部的腹板的主要形态特征如下：

（ 1 ）前胸腹板一般不发达，在 2 前足之间通常平坦或略微隆起，而在某些种类中会明显隆起，形成圆锥形或者圆柱形凸起，称为前胸腹板突。前胸腹板突形状多种多样，是种类鉴定的重要依据。图 1-12 ①为前胸腹板平坦；图 1-12 ②为前胸腹板前缘略隆起；图 1-12 ③为前胸腹板前缘隆起明显，呈圆柱形，顶端钝圆。

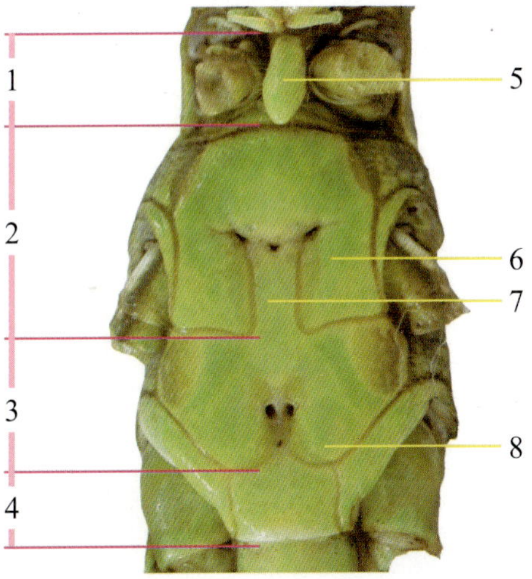

图 1-11　胸部腹面观(棉蝗)

1. 前胸腹板；2. 中胸腹板；3. 后胸腹板；4. 腹部第 1 节腹板；
5. 前胸腹板突；6. 中胸腹板侧叶；7. 中胸腹板侧叶间中隔；8. 后胸腹板侧叶。

（2）中胸腹板与后胸腹板两侧称为中胸腹板侧叶与后胸腹板侧叶，处于两侧叶中间之间的区域，称为中隔。对于中胸腹板侧叶，常评价侧叶间中隔的形状，如果中隔近长方形，可以评价中隔长和宽的相对长度。对于后胸腹板侧叶，常评价两侧叶是分离还是部分相连。图 1-12 ①为中胸腹板侧叶间中隔近正方形，长略大于宽，后胸腹板两侧叶全长分开；图 1-12 ②为中胸腹板侧叶间中隔长略大于最狭处，后胸腹板两侧叶全长分开；图 1-12 ③为中胸腹板侧叶间中隔长明显大于其宽度，后胸腹板两侧叶后端相连。

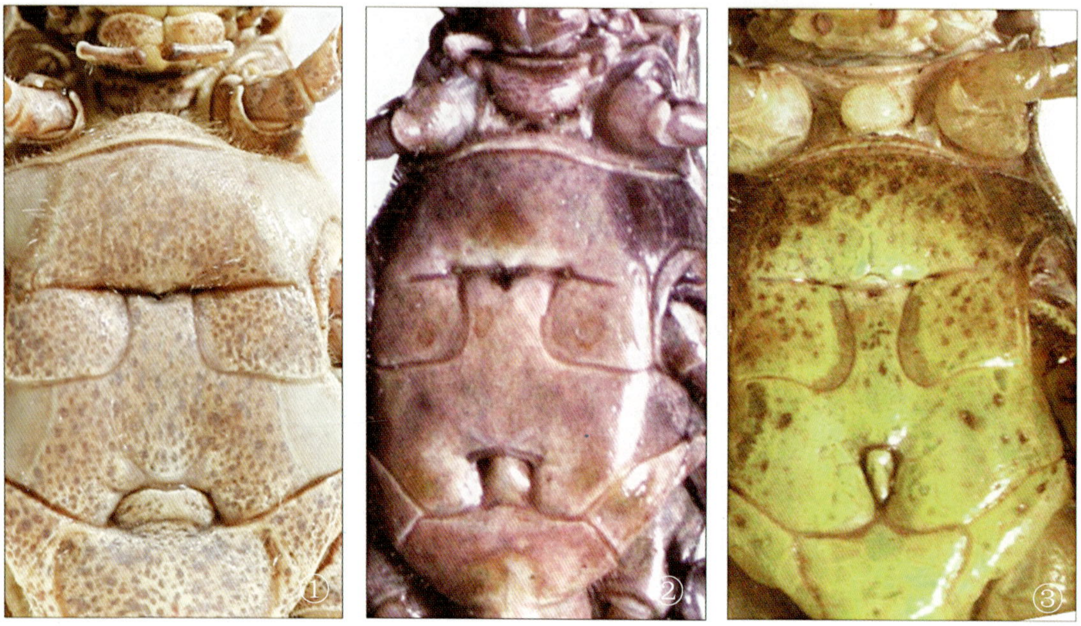

图 1-12　胸部腹面形态比较

以棉蝗为例（图 1-11），其胸部腹板描述为：前胸腹板突为长圆锥形，顶端尖锐，强烈地向后倾斜，到达中胸腹板前缘；中胸腹板两侧叶较接近，侧叶间中隔为长方形，长明显大于宽；后胸腹板两侧叶在后端相接。

3.2.3　前翅

蝗虫的前翅一般狭长，半透明或者不透明，呈革质，着生于中胸背板两侧，停息时覆盖在体背与体侧。翅表面具有很多纵、横的线条，称为翅脉。从翅基部延伸向翅边缘的翅脉，称为纵脉；纵脉之间连接的短脉，称为横脉。纵脉命名一般有前缘脉（C）、亚前缘脉（Sc）、径脉（R）、径分脉（Rs）、中脉（M）、肘脉（Cu，共 2 支，即前肘脉 Cua 与后肘脉 Cup）、臀脉（A，分 2 支，即 1A 与 2A）等（图 1-13）。蝗虫前翅基部常常扩大，多出 1 条纵脉，称为缘前脉（Pc）；纵脉之间常常插入一些游离的纵脉，称为闰脉（I）；中脉后方的闰脉，称为中闰脉（IM）（图 1-13 中的 6）。

前翅可以用于种类鉴别的形态特征有：前翅发达与否；前翅中脉域是否具有中闰脉，中闰脉附近是否

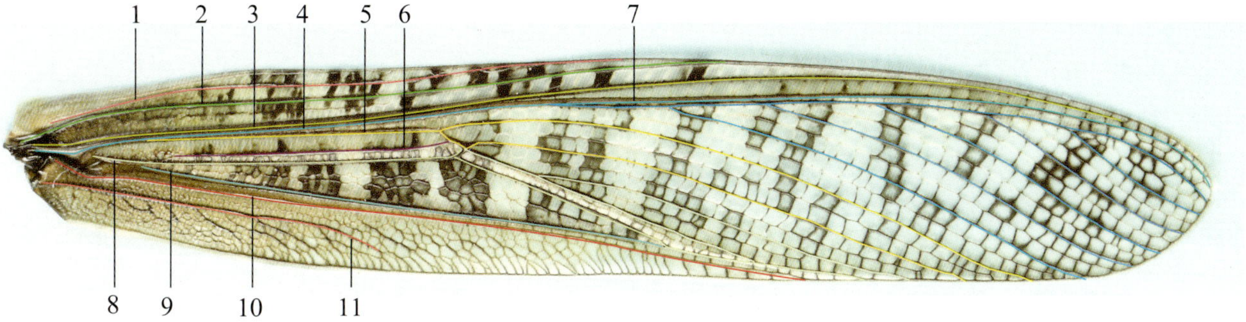

图 1-13　前翅翅脉（飞蝗）

1. 缘前脉；2. 前缘脉；3. 亚前缘脉；4. 径脉、5. 中脉；6. 中闰脉；7. 径分脉；8. 前肘脉；
9. 后肘脉；10. 臀脉 1A；11. 臀脉 2A。

具有整齐排列的横脉；前翅各脉域的相对宽窄等。飞蝗中脉域的中闰脉明显，全长接近前肘脉，附近生有较稠密的横脉（图 1-13）。

3.2.4　后翅

蝗虫后翅着生于后胸侧面，一般为三角形，膜质，折叠于前翅下方。后翅翅脉的排列顺序与前翅大致相似，与前翅的主要区别在于后翅径脉和中脉在基部并成 1 脉；后翅臀脉较多（图 1-14）。

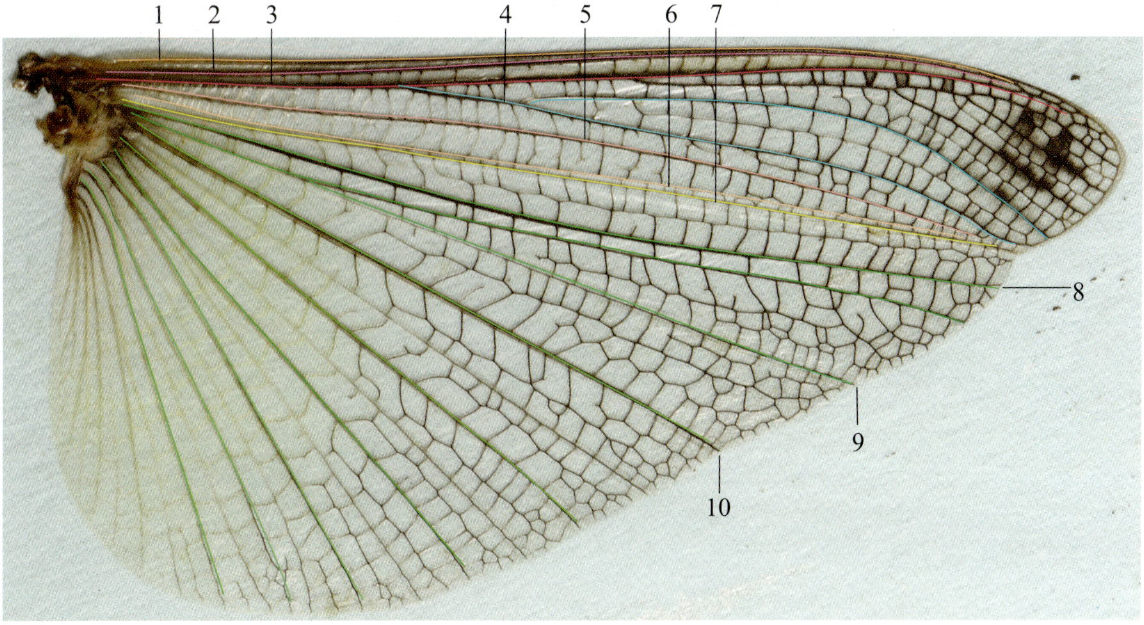

图 1-14　后翅翅脉（飞蝗）

1. 前缘脉；2. 亚前缘脉；3. 径脉；4. 中脉；5. 肘脉 Cu_1；6. 肘脉 Cu_2；7. 后肘脉；
8. 臀脉 1A；9. 臀脉 2A；10. 臀脉 3A。

从后翅可用于种类鉴定形态特征有：后翅翅脉是否加粗，翅脉上是否具有音齿，后翅的颜色和纹路等。

3.2.5 后足

足是蝗虫胸部重要的附属器官，由 6 节组成，分别为基节、转节、股节、胫节以及跗节。后足较发达，明显长于前足和中足。后足上具有许多分类特征，在不同蝗虫种类间差异较大，分布于后足的各个方位，如内侧、外侧、基部和端部等，是种类鉴别的重要特征。

蝗虫后足股节通常侧扁，基部粗壮，常凹入，把股节分为上、下 2 部分，成为上基片与下基片。上基片上部有上侧中隆线，下基片下部有下侧中隆线，把股节分成内侧与外侧。在股节外侧，具有 2 条隆线，上部为外侧上隆线，下部为外侧下隆线。外侧上隆线与外侧下隆线之间常常具有羽状隆线。股节端部常膨大，形成膝部。膝部内、外两侧呈片状，称为膝侧片，在端部中间凹入，将膝侧片分为上、下 2 部分。膝部外侧的 2 部分为外上膝侧片和外下膝侧片（图 1-15）。

图 1-15 后足股节外侧观（意大利蝗）

1. 上基片；2. 上侧中隆线；3. 外侧上隆线；4. 外上膝侧片；
5. 外下膝侧片；6. 外侧下隆线；7. 下侧中隆线；
8. 羽状纹；9. 下基片。

后足股节外侧可用于鉴别种类的形态特征有：股节上、下基片的长短；股节中部的纹路（如羽状纹、不规则隆线等）；股节上侧中隆线、下侧中隆线的形状（如平滑、锯齿、部分低凹、波浪状等）；外膝侧片的颜色和形状（如锐刺、圆形等）。意大利蝗后足股节外侧（图 1-15）可描述为：股节基部的上基片长于下基片，中部具羽状纹，上侧中隆线具细齿；外侧下隆线和下侧中隆线全长具有间断的黑色短带；外下膝侧片淡色，端部呈圆形。

后足股节内侧在上基片上为内侧上隆线，下基片上为内侧下隆线；膝部内侧的为内上膝侧片、内下膝侧片。某些种类在内侧下隆线具有发音齿（图 1-16）。

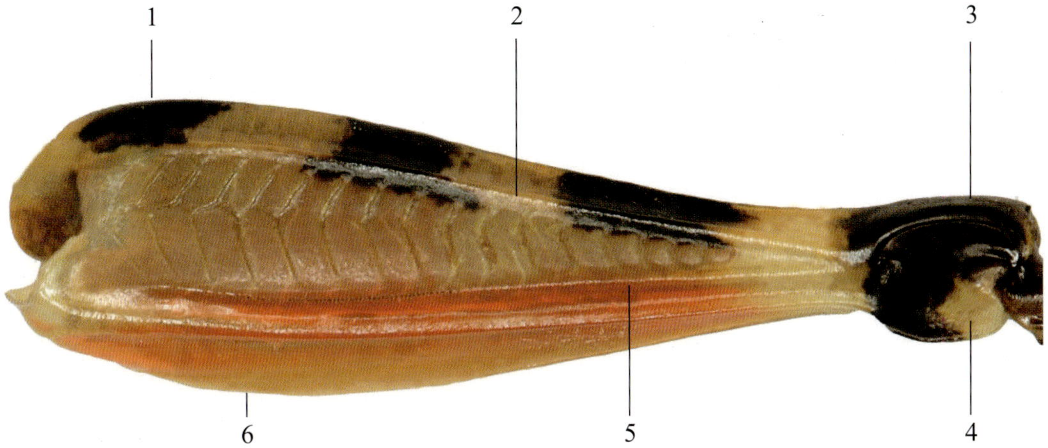

图 1-16 后足股节内侧（宽翅曲背蝗）

1. 上侧中隆线；2. 内侧上隆线；3. 内上膝侧片；4. 内下膝侧片；
5. 内侧下隆线；6. 下侧中隆线。

从后足股节内侧可用于鉴别的形态特征有：股节内侧下隆线是否具有发音齿；内侧各隆线间的颜色和纹路（如斑点、斜纹、横带等）。宽翅曲背蝗后足股节内侧（图 1-16）可以描述为后足股节基部的上基片长于下基片；上侧中隆线和内侧上隆线间排列 3 条黑色短带；内侧下隆线具发音齿。

后足股节膝部的变化亦是鉴别种类的重要依据，图 1-17 ①为内、外膝侧片在端部呈锐刺状；图 1-17 ②为内侧上、下膝侧片在端部呈锐刺状；图 1-17 ③为外侧下膝侧片呈椭圆形；图 1-17 ④为胫节基部膨大，具平行细隆线。

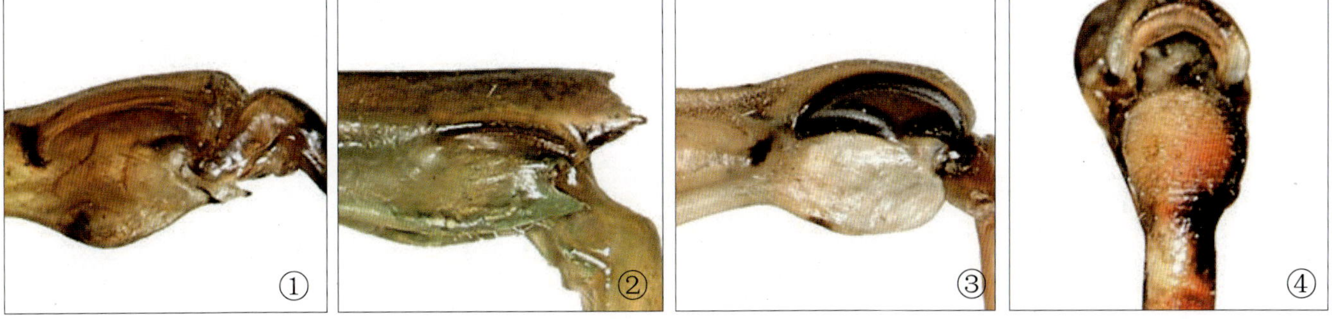

图 1-17 后足股节端部

蝗虫后足胫节常折叠于股节下面，略短于股节，细长。胫节上侧边缘具有 2 列不能活动的刺，称为内列刺与外列刺。在端部具有 2 个可以活动的距，即外侧距和内侧距。跗节分 3 节，第 2 节最短，第 3 节的端部生有 1 对爪，爪间夹 1 中垫（图 1-18）。位于胫节最端部的刺称为端刺。端刺分内端刺、外端刺，外端刺在一些蝗虫种类中消失。图 1-19 ①中箭头所示具有外端距，图 1-19 ②箭头所示为缺失外端距。

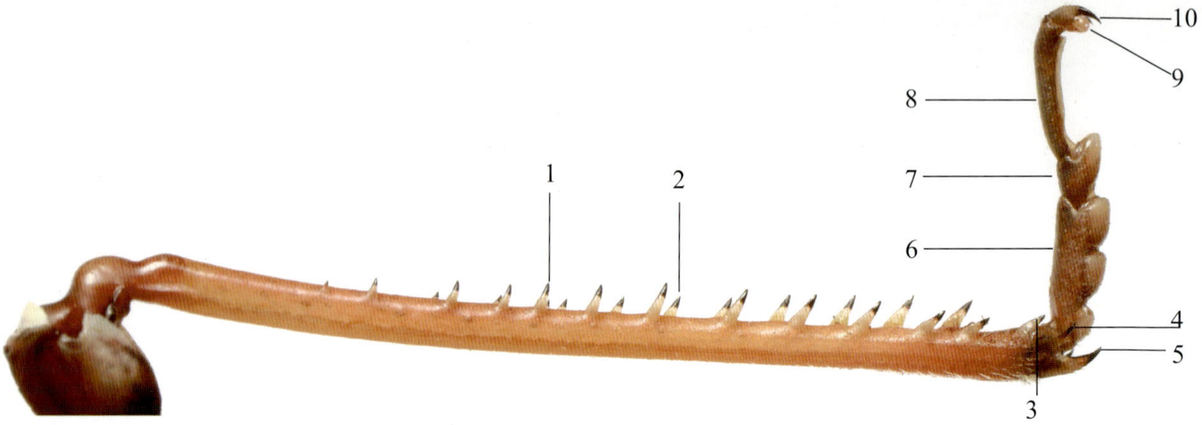

图 1-18　后足胫节（飞蝗）

1. 内列刺；2. 外列刺；3. 外端刺；4. 外侧距；5. 内侧距；6. 第 1 跗节；7. 第 2 跗节；8. 第 3 跗节；9. 中垫；10. 爪。

后足胫节可用于种类鉴别的形态特征有：胫节端部是否具有外端刺；内、外侧距孰长孰短，同侧 2 距是否等长，图 1-19 ①为胫节外侧距与内侧距长度相近，图 1-19 ②为内侧距明显长于外侧距；跗节爪间中垫的长度，图 1-19 ③为中垫较大，长于 2 爪，图 1-19 ④为中垫较小，短于 2 爪；2 爪是否等长；胫节的颜色搭配，内、外侧刺的数目等。图 1-18 飞蝗后足胫节可以描述为：红色，外缘具刺 8 个，内缘具刺 11 个；胫节刺端部黑色，基部白色。跗节爪间中垫短于 2 爪。

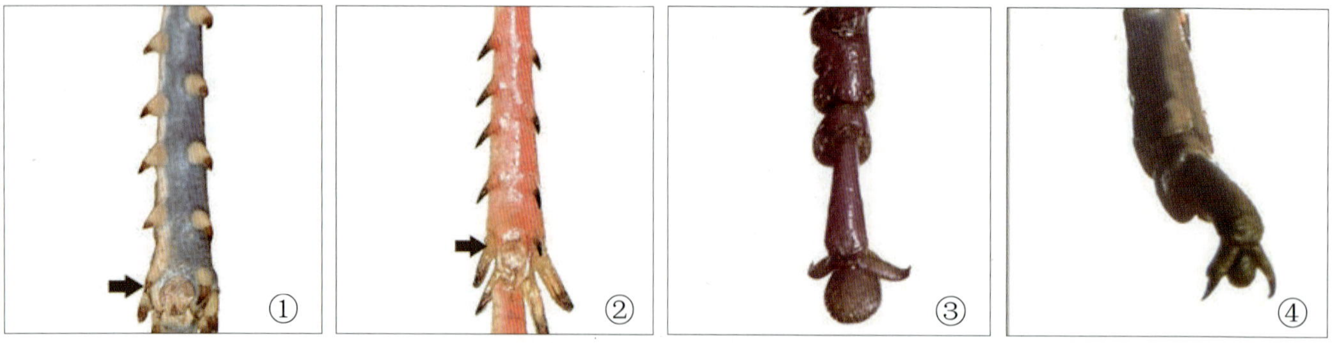

图 1-19　后足胫节端部及跗节

3.3 腹部

蝗虫腹部通常由 11 个体节组成，每个腹节均由背板与腹板组成，上部为背板（图 1-20 中的 TgⅠ~TgⅪ）、下部为腹板，雌性中为 8 个腹板（图 1-20 ①中的 stⅠ~stⅧ），雄性中为 9 个腹板（图 1-20 ②中的 stⅠ~stⅪ）。背板与腹板由侧膜连接。每节背板侧面的下缘均具有气门，是蝗虫的呼吸器官（图 1-20）。第 1 腹节背板侧面后下方具有较明显的孔，内有透明膜，称为鼓膜器，图 1-20 ①所示位置。鼓膜器外部有骨膜片，能够部分覆盖鼓膜孔。鼓膜片在不同种类中大小形状变化丰富，可以作为鉴别特征，图 1-21 ①箭头所示，骨膜较大，覆盖鼓膜器一半以上，鼓膜孔狭缝状；图 1-21 ②箭头所示，鼓膜片狭窄，较少覆盖鼓膜器，鼓膜孔半圆形。如在一些蝗虫种类中，腹部第 2 节背板前下角还具有摩擦器，有些种类摩擦器具有平行条纹（图 1-21 ③），有的则密布颗粒状凸起（图 1-21 ④）。腹部末端具有生殖器。

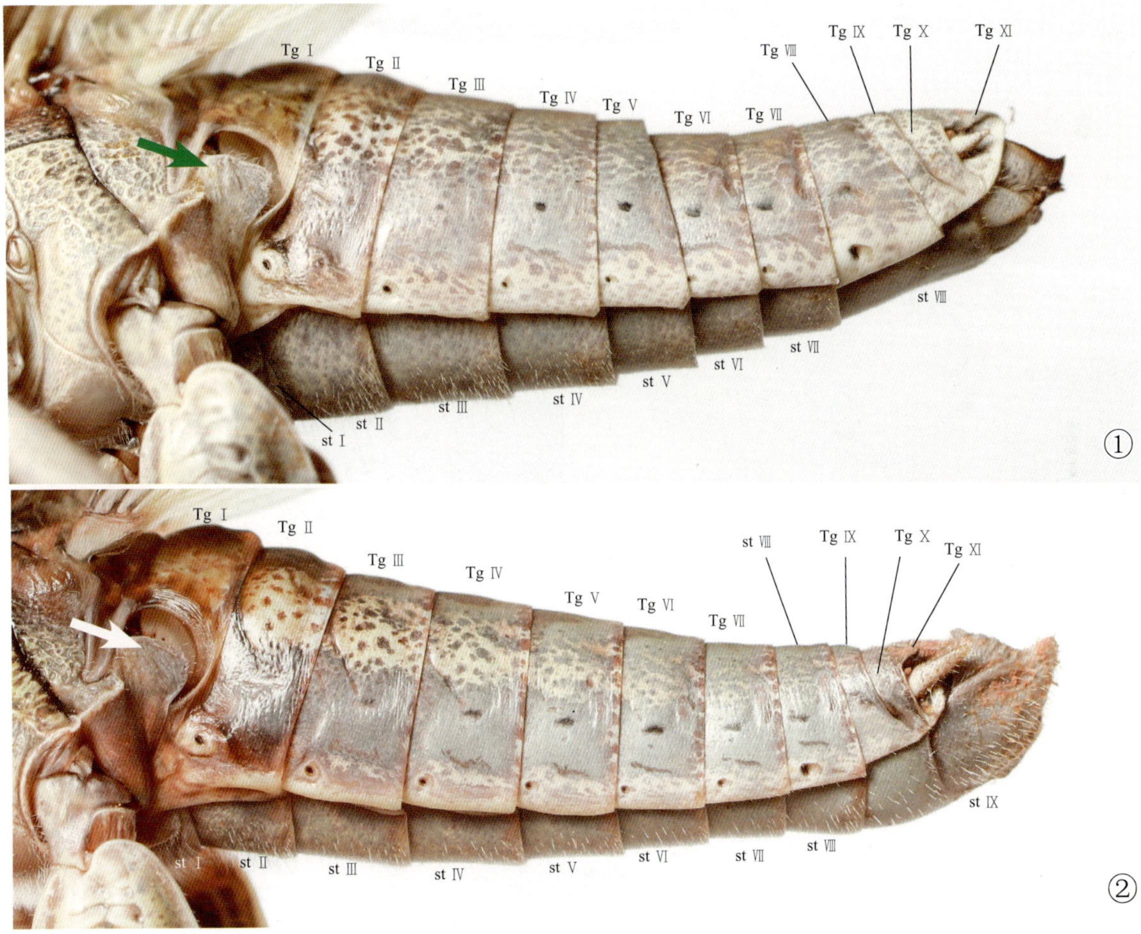

图 1-20　蝗虫的腹部（飞蝗）

①雌虫腹部，TgⅠ~TgⅪ为背板，TgⅪ为肛上板，stⅠ~stⅧ为腹板，stⅧ为下生殖板，箭头指示为鼓膜片；

②雄虫腹部，TgⅠ~TgⅪ为背板，TgⅪ为肛上板，stⅠ~stⅧ为腹板，

stⅨ为下生殖板，箭头指示为鼓膜片。

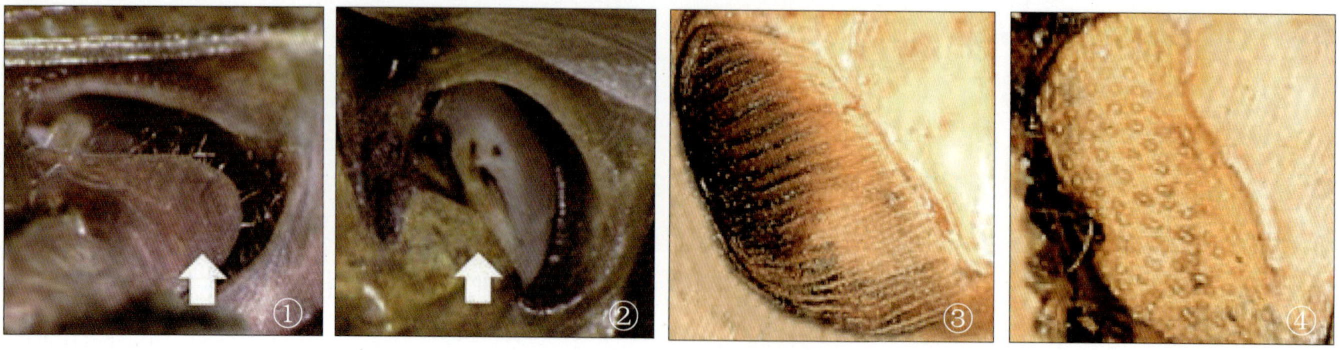

图 1-21 蝗虫的鼓膜片与摩擦器

3.3.1 雄性外生殖器

蝗虫雄性外生殖器位于腹部末端，通常由尾须、肛上板、下生殖板组成。肛上板为背板第 11 节，下生殖板为腹板第 9 节（图 1-22）。

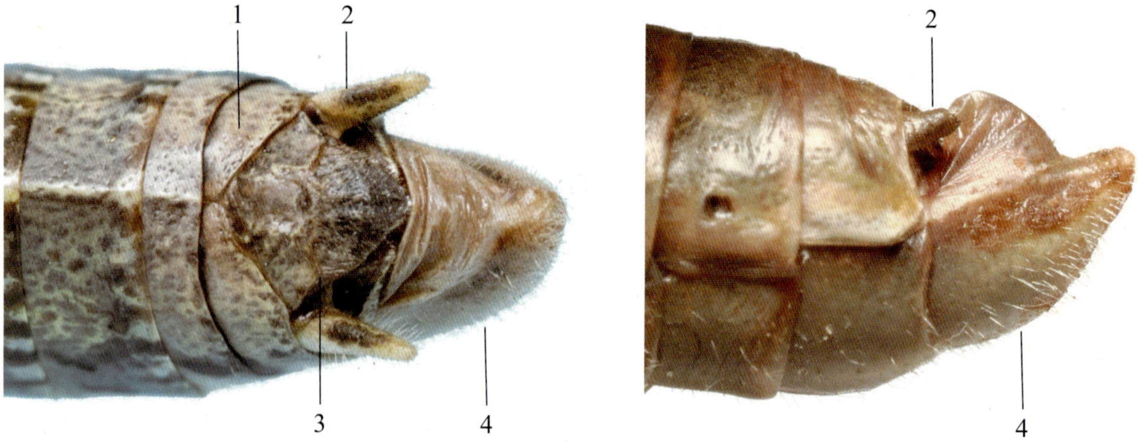

图 1-22 雄性外生殖器背面观与侧面观（飞蝗）

1. 腹部第 10 节背板；2. 尾须；3. 肛上板；4. 下生殖板。

雄性外生殖器可用于种类鉴别的形态特征有：下生殖板侧面观的形状，图 1-23 ①为短锥形，图 1-23 ②为长锥形，图 1-23 ③为短舌状，图 1-23 ④为圆弧形；尾须的形状，图 1-23 ①中尾须中部收缩，两端膨大，似哑铃，图 1-23 ②尾须长柱形，图 1-23 ③尾须锥形，图 1-23 ④为圆弧形，另外，尾须是否向内弯曲，端部是否分叉也是种类鉴别重要特征；腹部第 10 节背板后缘的形状和肛上板的形状等。飞蝗外生殖器可以描述为：肛上板近三角形，下生殖板短锥形，顶端较狭（图 1-22）。

图 1-23　雄性外生殖器侧面观

3.3.2　雌性外生殖器

蝗虫雌性外生殖器由尾须、上产卵瓣、下产卵瓣、腹基瓣片及下生殖板组成（图 1-24）。

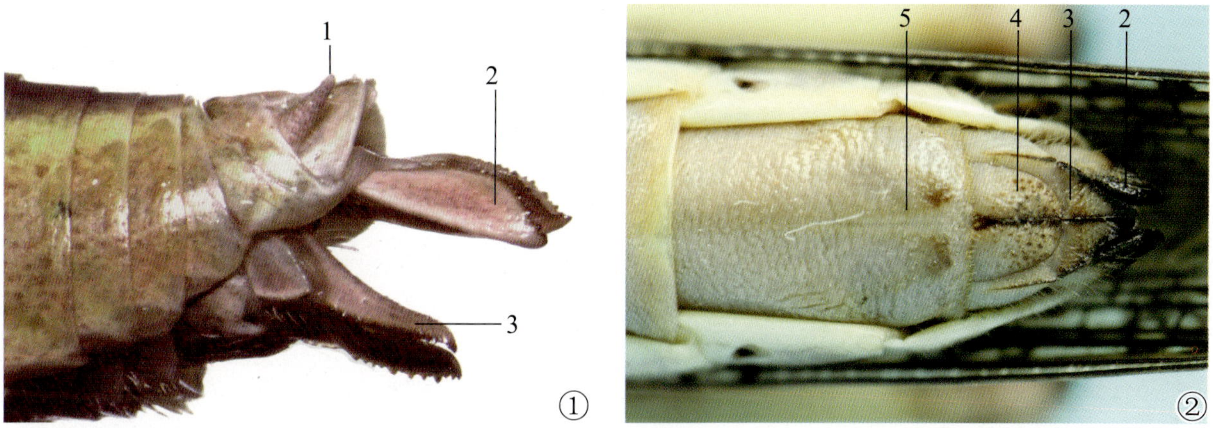

图 1-24　雌性外生殖器侧面观（中华稻蝗①）与雌性外生殖器腹面观（飞蝗②）

1. 尾须；2. 上产卵瓣；3. 下产卵瓣；4. 腹基瓣片；
5. 下生殖板。

雌性外生殖器可以用于种类鉴别的形态特征有：上、下产卵瓣的形状（如细长、粗短等），端部的弯曲程度；尾须的形状，其长度是否超过肛上板；下生殖板后缘的形状（如中央呈角形凸出、具齿等）。中华稻蝗雌性生殖器可以描述为：上、下产卵瓣细长，外缘具有大小相近的细齿。下生殖板长方形，后缘具细毛，呈毛刷状。

第二章
蝗虫种类鉴别

总科和科检索表

本书依照的分类系统为印象初先生于 1982 年提出，后经夏凯龄先生修改的分类系统。

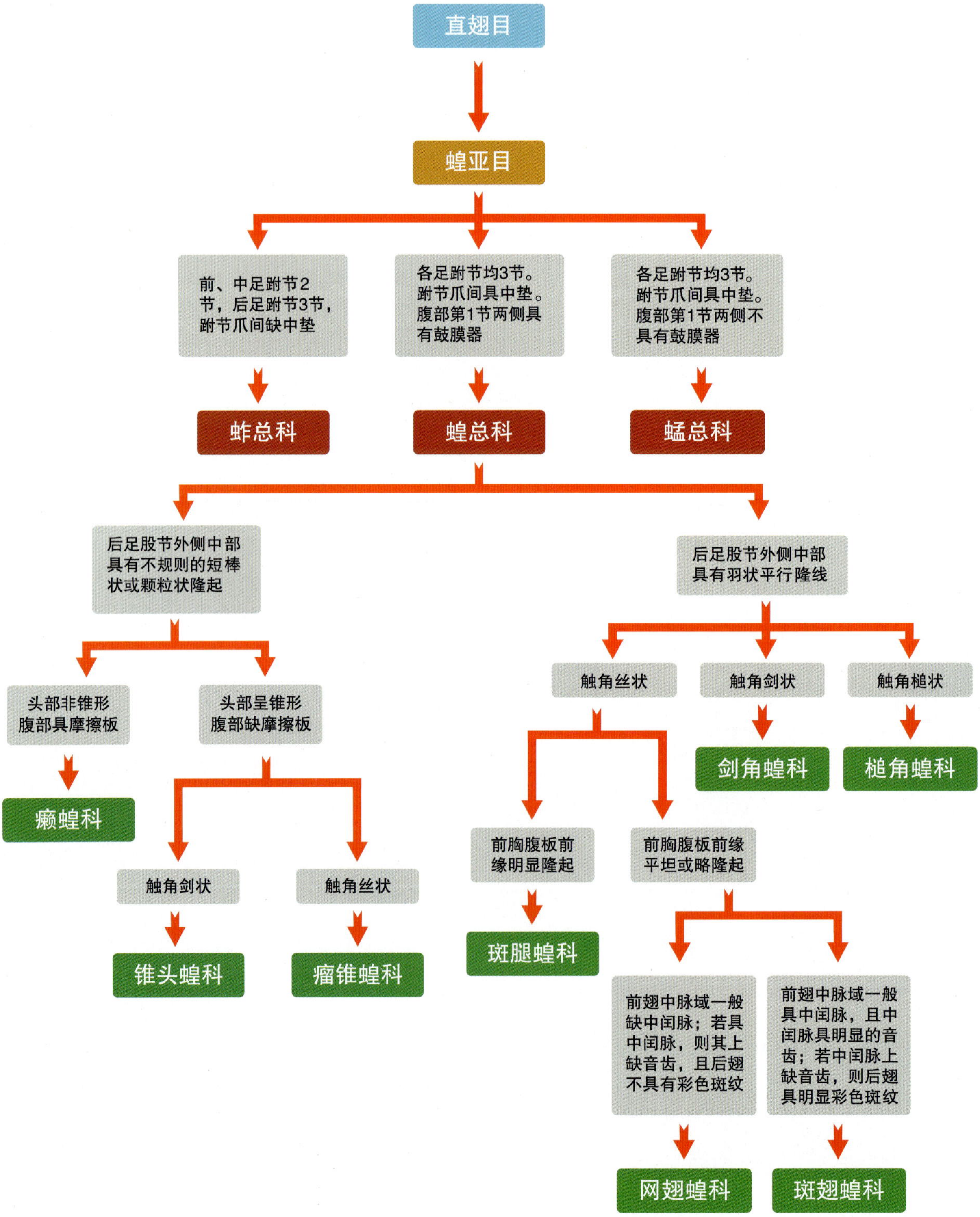

1. 癞蝗科 Pamphagidae

癞蝗科，体型粗壮，中到大型，雌、雄两性异型较常见。体表粗糙，常具短隆线或颗粒状突起。头顶具细纵沟，触角丝状。后足股节外侧上、下侧隆线间具不规则的短棒状或颗粒状突起，其基部外侧的上基片明显地短于下基片。

波腿蝗

Asiotmethis heptapotamicus (Zubovsky, 1898)

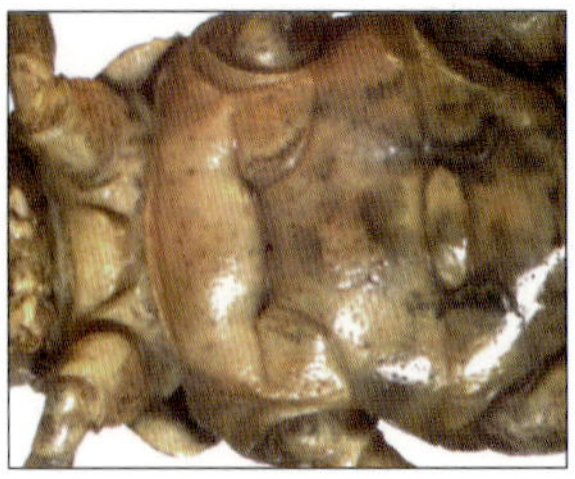

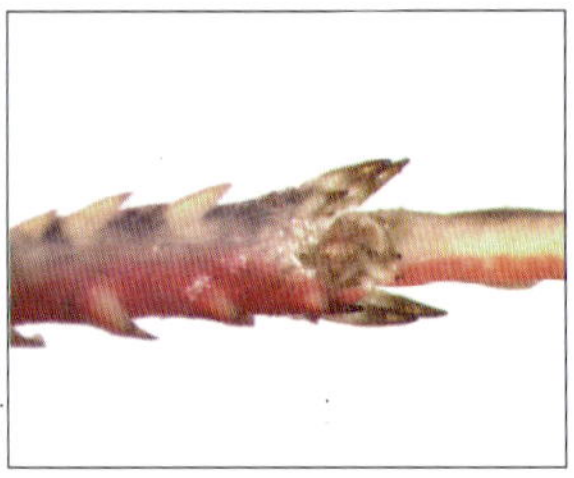

体型粗短，体表分布粗大颗粒和隆线，以及大小不等黑色斑点，在腹部和足上分布绒毛。头大，短于前胸背板。触角丝状，超过前胸背板后缘。前胸背板中隆线较深地被后横沟切断，沟前区呈隆起明显，分成 3 齿；沟后区长于沟前区，中隆线较低，具有大颗粒和皱纹；侧隆线呈齿状；前缘较平，后缘呈直角。前胸腹板较平，中胸腹板中隔宽大于长。前、后翅发达，长度一致，长度超过后足股节末端。后翅翅脉 $2A_1$ 和 $2A_2$ 有较强的弯曲；后翅上具有较宽暗色纹，基部、顶端及边缘透明。后足股节外侧上、下隆线之间具不规则的短棒状或颗粒状隆线，上侧中隆线在近端部明显低凹，下侧中隆线呈波状；外侧基部的上基片短于下基片。胫节端部具明显的外端刺，具有细长绒毛。股节和胫节内侧呈橙黄色至红色，股节端部为褐色或黄褐色。跗节爪间垫较小。腹部第 2 节背板侧面前下方具有摩擦板，密布刻点；鼓膜器凹圆形。雄性下生殖板锥形，顶端尖。体长：雄性 28~28.5mm，雌性 32~34mm。体色黄褐色。

蓝胫波腿蝗

Asiotmethis jubatus (Uvarov, 1926)

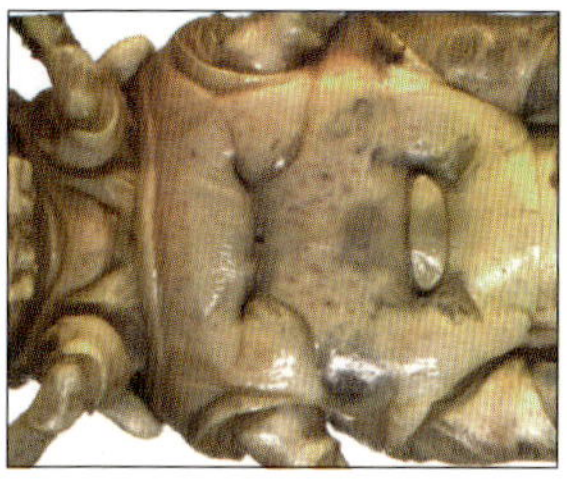
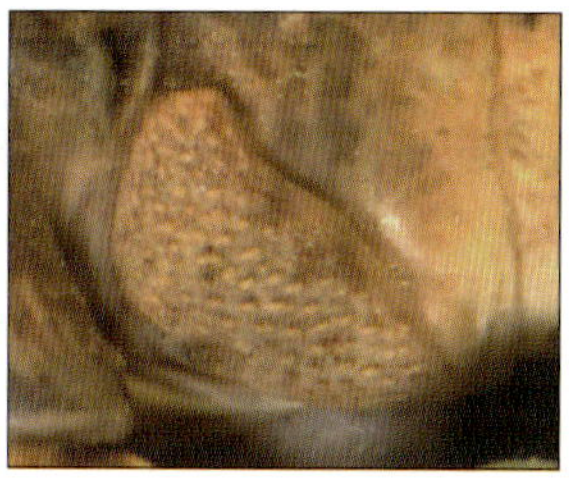

体型较粗短，身体密布大小不等的黑色斑点。触角丝状，达到前胸背板后缘。复眼小而突出，呈半球形。前胸背板中隆线较深地被后横沟切断，沟前区隆起较高，分成 3 齿；沟后区长于沟前区，中隆线较低，具有大颗粒和皱纹；侧隆线呈齿状；前缘较平，后缘呈直角。中胸腹板横沟向后呈弧形突出。翅发达，前翅超过后足股节末端，后翅 $2A_1$、$2A_2$ 脉弯曲；雌后翅暗色横带纹到达后面部分，但没有雄性显著。股节外侧上、下隆线之间具不规则的短棒状或颗粒状隆线，上侧中隆线在近端部明显低凹，下侧中隆线呈波状；外侧基部的上基片短于下基片。腹部第 2 节背板侧面前下方具有摩擦板。胫节端部具明显的外端刺。后足股节内侧端部红色，其余部分蓝黑色；后足胫节内侧蓝黑色，有时基部具红色斑纹。体长：雄性 28.5~32.2mm，雌性 36~41mm。体色黄褐色。

相似种比较：波腿蝗和蓝胫波腿蝗形态比较接近，区别为波腿蝗后足胫节内侧橘红色，蓝胫波腿蝗后足胫节内侧为紫黑色。

螽蝗属 »

宽纹螽蝗

Thrinchus schrenkii Fischer-Waldheim, 1846

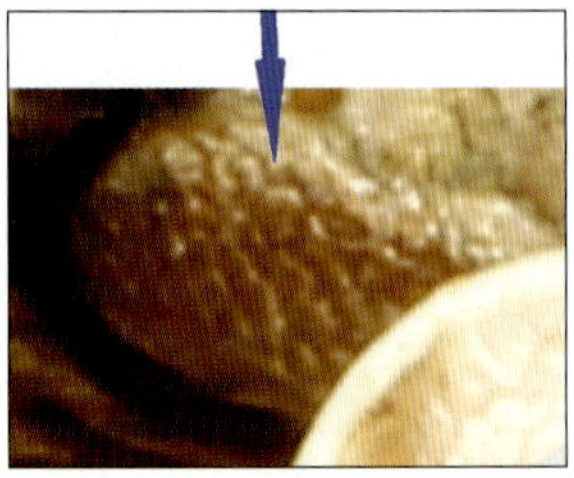

体型较大，雌性体型显著地大于雄性。体表常常具有较稀疏短绒毛。触角丝状，超过前胸背板后缘。前胸腹板前缘呈片状隆起，其顶端中央略凹；鞍状，沟前区缩狭，沟后区宽阔，平坦；前缘较平直，后缘呈钝圆形；中隆线在前、后横沟间呈丘状隆起；缺侧隆线；沟后区沿中隆线常具暗色纵条纹。前、后翅均很发达，其顶端略不到达后足胫节的端部；前翅狭长；分布不均匀、不规则暗褐色斑块，在前缘脉域缺淡色纵条纹。后翅基部淡蓝色，中部具有较宽的暗色带状斑纹。后足股节匀称，基部外侧上基叶短于下基叶；上侧中隆线具斜的细齿，下侧隆线平滑，不呈波状。后足股节内侧暗红色，近基部在中央常具有蓝色纵斑纹。后足胫节内侧红色，近膝部黄色，外侧黄褐色；缺内、外端刺，上侧内缘具刺 8 个，外缘具刺 9 个；距不超过爪的中部。腹部第 2 节的摩擦板狭长，表面分布有不规则横褶皱。雌性产卵瓣粗短，顶端尖锐，下产卵瓣端部具有浅宽凹口。体长：雄性 28.5~32mm，雌性 37.5~42mm。体色通常较暗，黄褐色。

贝蝗属 »

友谊贝蝗

Beybienkia amica (Bey-Bienko, 1959)

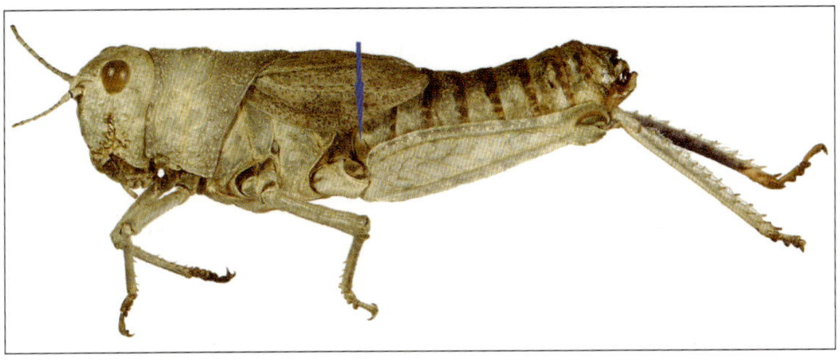

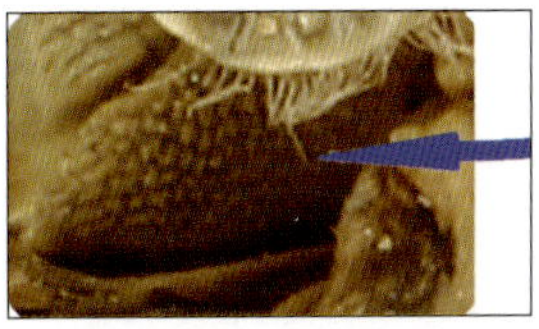

雄性体型较大，体表粗糙具颗粒状突起。头顶三角形，宽平，中央具细纵沟，表面具细皱纹及少数颗粒。触角丝状、细，其长略超过前胸背板后缘。前胸背板具颗粒突起，前缘为钝角形，后缘为钝圆形突出，中隆线较低，在沟前区稍隆起，缺侧隆线，3 条横沟均明显。前胸腹板前缘片状，顶端中央浅凹，两侧突起相距较远。中胸腹板侧叶间中隔略宽，中隔的宽度略大于长度。前翅发达，宽长，超过后足股节顶端，顶端圆形。后翅与前翅等长，宽三角形；基部黄色，中部具宽的黑色带纹。后足股节内侧淡玫瑰色，基部稍蓝色，内侧下膝侧片红色或基部红色；较狭长，基部外侧上基叶短于下基叶；上侧中隆线具细齿。后足胫节内侧基部和端部红色，中部蓝黑色；缺外端刺，下侧具稠密的细毛，上侧内缘具 9 个刺（包括内端刺），外缘具 9 个刺。肛上板长三角形，顶端较尖。尾须长锥形，不到达肛上板的顶端。下生殖板短锥形，顶端较尖。雌性体型大于雄性。头顶中央细纵沟较雄性弱。触角较短，仅到达前胸背板的后缘。前翅短缩，在背部相连接，到达第 3 腹节背板。下生殖板后缘光滑，表面具细刻点。产卵瓣较短，产卵瓣的上外缘及下外缘光滑，不具齿。体长：雄性 35.0~36.0mm，雌性 42.5~48.0mm。体色灰褐色或黄褐色。

逐鹿笨蝗

Haplotropis zhuluensis Ye, Shi & Li, 2016

体型较大。头短于前胸背板。颜面侧面观微倾斜。触角黄褐色。前胸背板黄褐色，沿中隆线具黑色纵纹；前缘中部角形突出，到达复眼的后缘，中隆线明显，不被后横沟割断，沟后区具侧隆线。中胸腹板中隔的长小于最小宽度，后胸腹板侧叶分开。前翅较短，超过腹部第 1 节背板后缘。前翅褐色。后足股节上侧具 2 个暗斑；上缘隆线平滑，下膝片端部角形。后足胫节黄色，上侧蓝色；内、外侧各具刺 9 个，有外短刺。后足跗节第 2 节短于第 1 节。腹部黄褐色，两侧具暗色宽纵条纹。鼓膜器大而明显，圆形。摩擦板如洗衣板。尾须锥形，不到达肛上板端部。下生殖板褐色；短锥形，顶端尖。雌性体型非常粗壮，前翅较短，不到达腹部第 1 节背板的后缘。后足股节长为最大宽度的 3.3 倍。尾须短锥形，不到达肛上板端部。下生殖板长，长度大于宽度，两侧边缘直。雌性产卵瓣较短，外缘光滑，端部弯曲。体长：雄性 32.5~34.1mm，雌性 41.6~42.7mm。体色褐色。

夏氏笨蝗

Haplotropis xiai Ye, Shi & Li, 2016

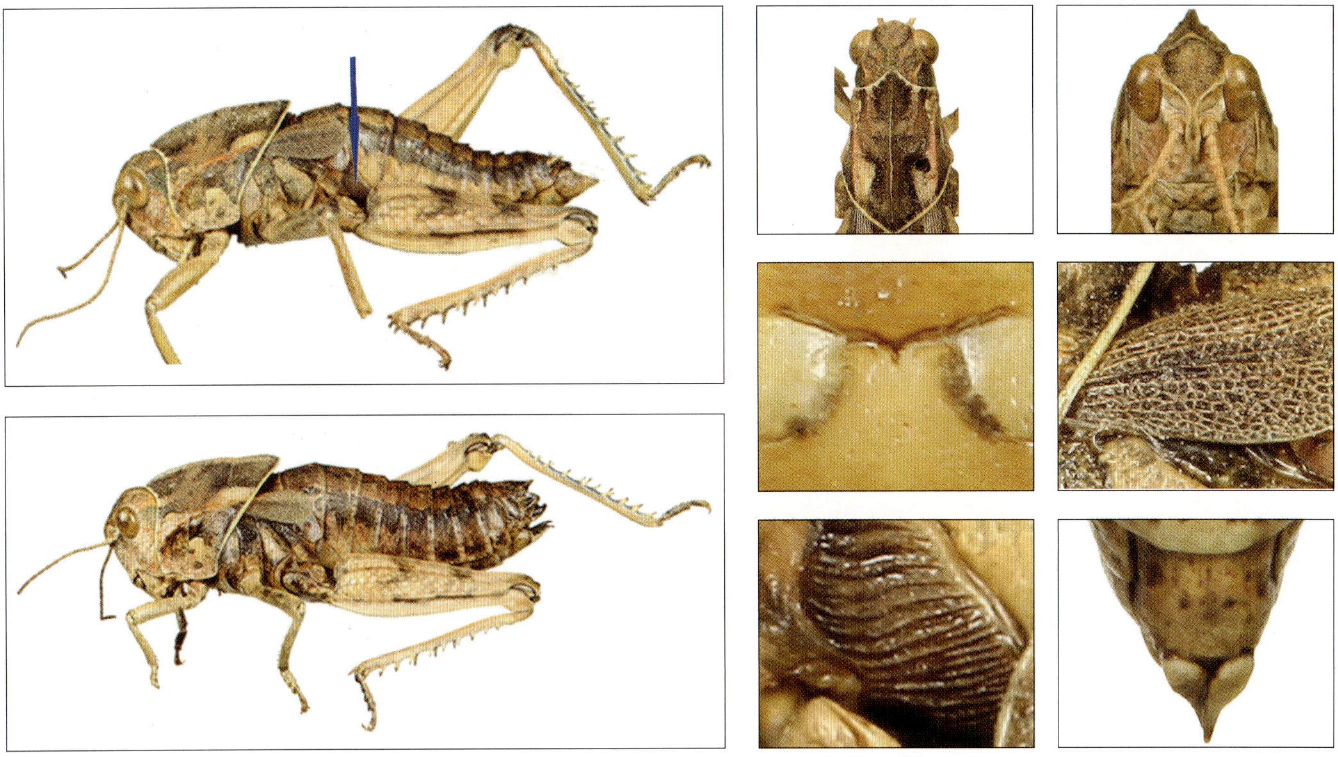

体型较大。头大而短，短于前胸背板。颜面侧观略倾斜，颜面隆起在中单眼处宽大。触角丝状。复眼球状。前胸背板圆柱形，黄褐色，沿中隆线具黑色纵纹；前缘中部角形突出，中隆线明显，不被后横沟割断，侧隆线缺。中胸腹板中隔的长度大于最小宽度，后胸腹板侧叶分开。前翅较短，褐色，到达腹部第 1 节背板后缘，覆盖 2/5 的鼓膜器。后足股节上侧具 2 个暗斑，上隆线平滑，下膝片端部角形。后足胫节黄色，上侧蓝色；内、外侧各具刺 9 个，有外端刺。后足跗节第 2 节短于第 1 节。腹部黄褐色，两侧具暗色宽纵条纹。鼓膜器明显，大而圆。摩擦板如洗衣板。腹部末节背板中部具纵沟，缺尾片。尾须锥形，不到达肛上板端部，端半部向端部逐渐变细。下生殖板褐色，短锥形，顶端钝。雌性体型非常粗壮，前胸背板前缘中部尖角形。前翅较短，不到达腹部第 1 节背板的后缘。尾须短锥形，不到达肛上板端部。下生殖板短，长度小于宽度，两侧边缘直。产卵瓣细长，边缘光滑，端部弯曲、尖，外缘光滑。 体长：雄性 29.9~32.1mm，雌性 38.3~39.6mm。体色，褐色；触角黄褐色。

驼背笨蝗属

泰山驼背笨蝗

Humphaplotropis taishanensis Xiao, Yin & Yin, 2013

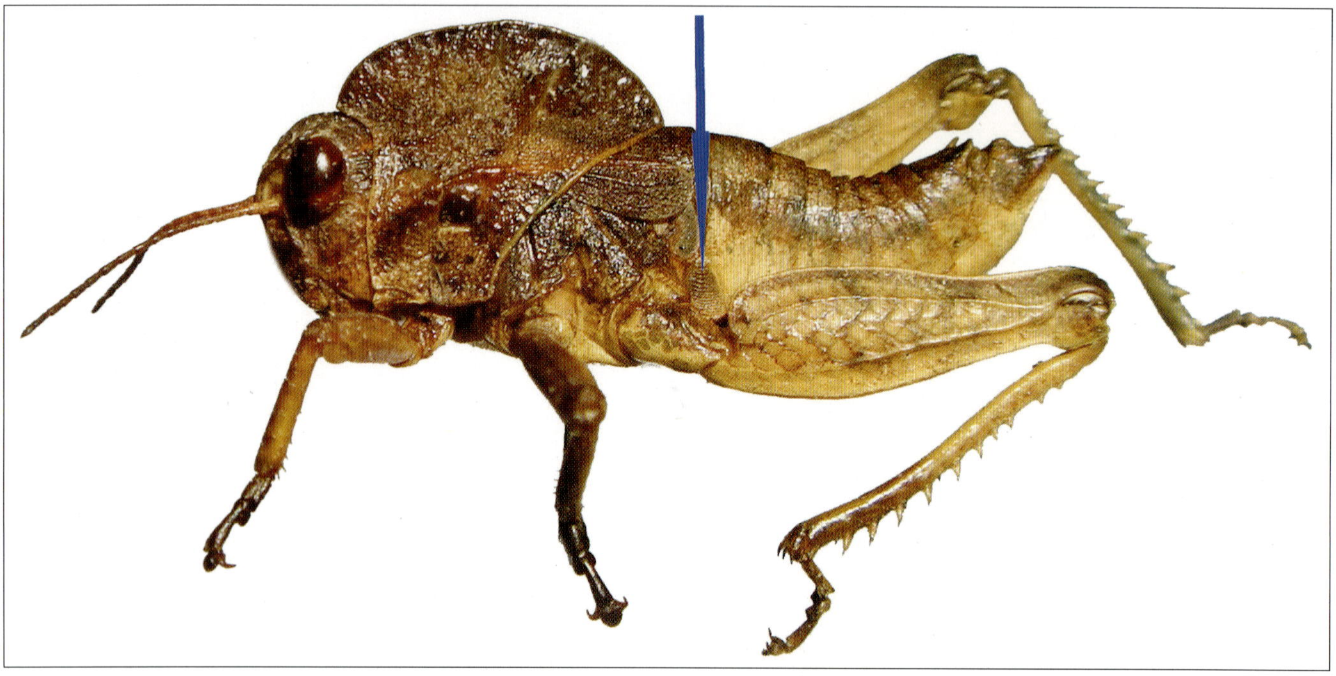

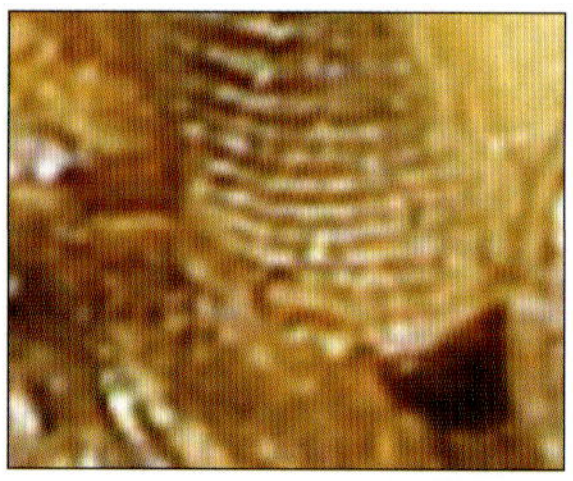

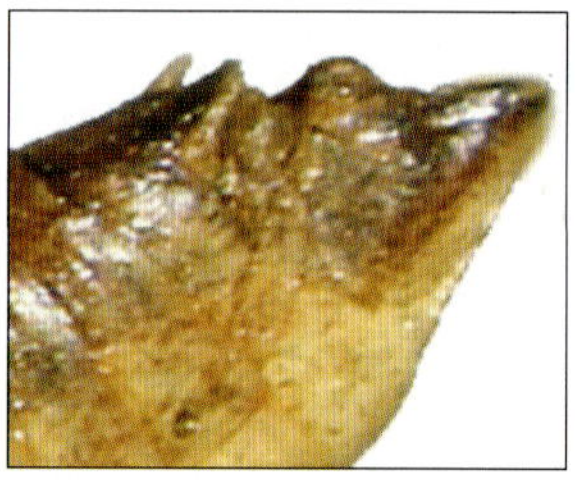

体型中等。头短于前胸背板。颜面侧观微倾斜，颜面隆起具纵沟。触角黄褐色，顶端部暗色，丝状，22节，不到达前胸背板的后缘。复眼褐色，球状。前胸背板圆柱形，沿中隆线呈驼背隆起；前缘中央呈尖角形突出，其顶端几乎到达两复眼之间的中部；后缘中央呈尖角形突出，其顶端到达第1腹节的中部；中隆线不被后横沟割断，侧隆线不发达。前胸腹板具领状薄边，无瘤突或叶片。前翅短，4.5mm，卵形，超过腹部第1节背板的中部。中足胫节无齿或瘤突。后足股节黄褐色。后足胫节黄褐色上侧和内侧蓝色，内侧具刺9个，外侧具刺11个，有外短刺。后足跗节黄褐色。腹部黄褐色，两侧具暗色宽纵条纹。鼓膜器明显，大而圆。摩擦板如洗衣板。肛上板中部具纵沟。尾须锥形，几乎到达肛上板端部。下生殖板褐色，三角形，顶端较尖。体长：雄性28.6mm。体色黄褐色。

徂徕山驼背笨蝗

Humphaplotropis culaishanensis Li, Cao & Yin, 2014

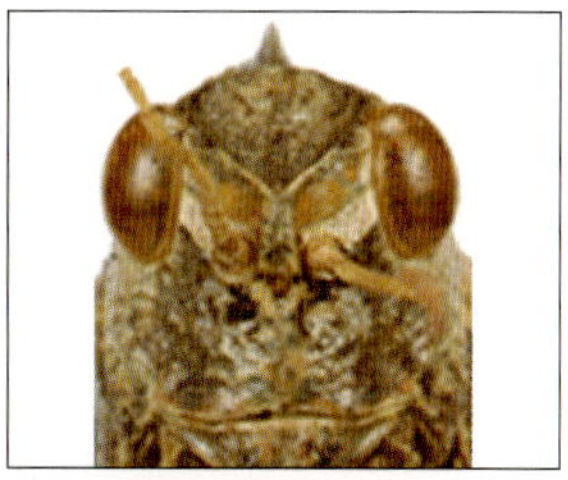

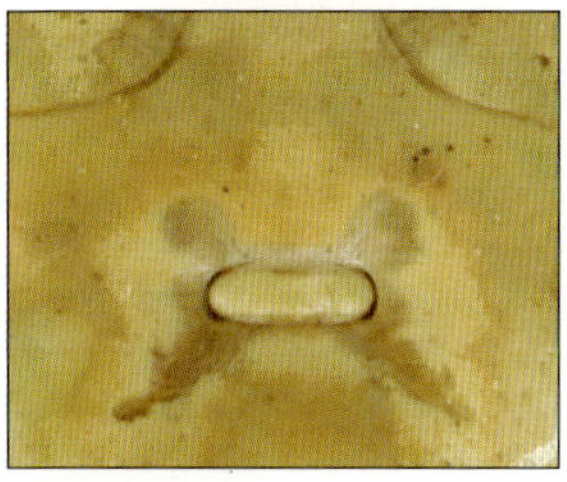

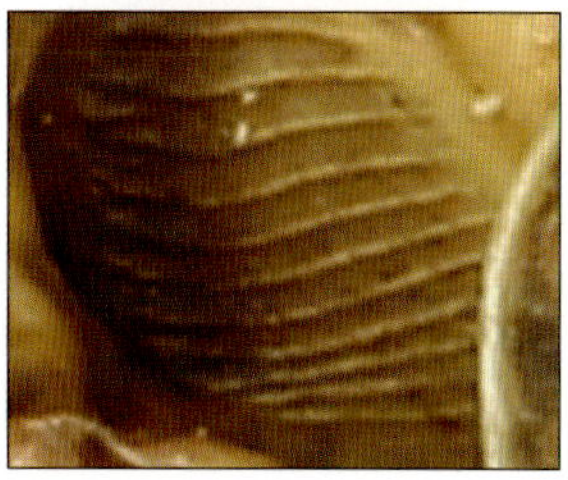

体型较大。头短于前胸背板。颜面侧观微倾斜，颜面隆起具纵沟，两侧隆线向下开张，短，不到达唇基。触角黄褐色，顶端部较暗，丝状，不到达前胸背板的后缘。复眼褐色，球状。前胸背板沿中隆线呈较低的驼背隆起，侧面观高出头顶的高度为前胸背板高度的 1/5；前缘中央呈尖角形突出，其顶端不到达复眼的后缘；后缘中央呈尖角形突出，其顶端到达第 1 腹节的中部；中隆线不被后横沟割断，侧隆线发达。前胸腹板具领状薄边，无瘤突或叶片。前翅短，卵形，侧置，超过腹部第 1 节背板的后缘。后足股节黄褐色，粗壮，下基片长于上基片，上隆线平滑，下膝片端部圆形。后足胫节黄褐色，上侧和内侧蓝色，内侧具刺 9 个，外侧具刺 10 个，有外端刺。后足跗节黄褐色。腹部黄褐色，两侧具淡暗色纵条纹。鼓膜器明显，大而圆。摩擦板如洗衣板。肛上板中部具纵沟。尾须锥形，几乎到达肛上板端部。下生殖板褐色，三角形，顶端尖。雌性体型较雄性大。复眼小。前翅短，到达第 1 腹节的中部。体长：雄性 26.2mm，雌性 33.4mm。体色黄褐色。

河北驼背笨蝗

Humphaplotropis heibeensis Zhi, Shi & Dai, 2015

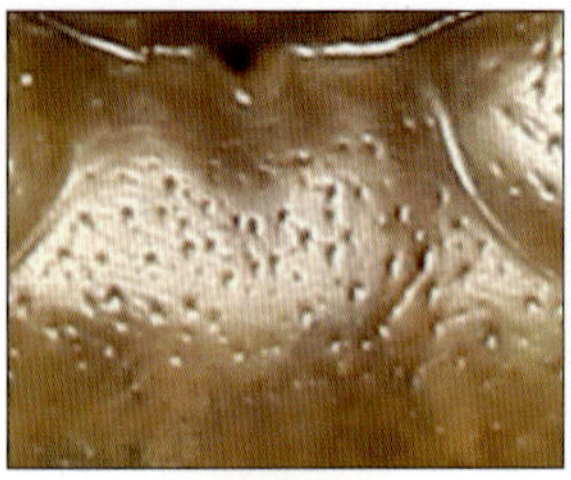

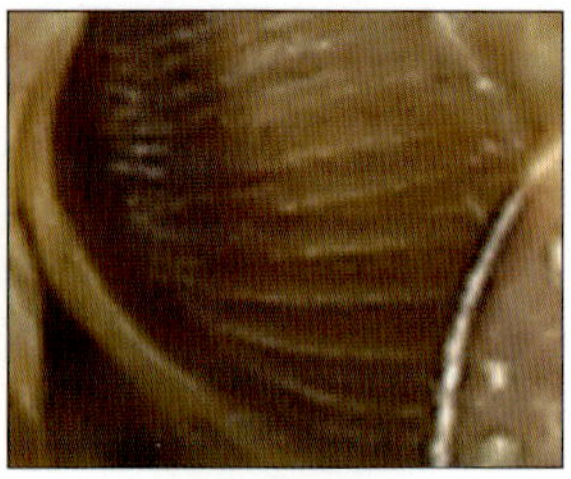

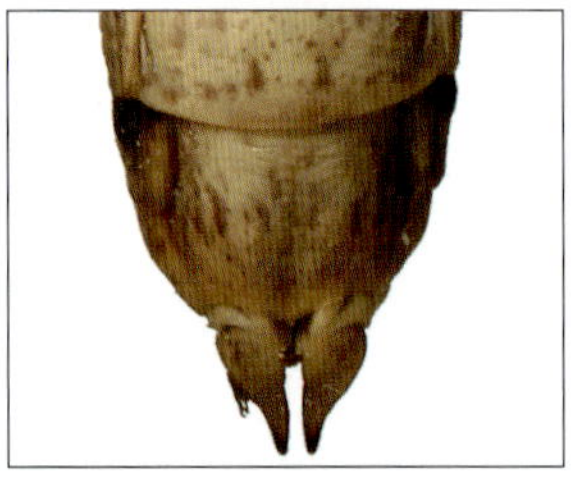

体型较大，雌性大于雄性。头短于前胸背板。颜面侧观微倾斜，颜面隆起具纵沟，两侧隆线平行，短，不到达唇基。触角黄褐色，顶端部较暗，丝状，22 节，不到达前胸背板的后缘。复眼褐色，球状。前胸背板沿中隆线呈较低的驼背隆起，侧面观高出头顶的高度为前胸背板高度的 1/5；前缘中央呈尖角形突出，其顶端到达复眼的后缘；后缘中央呈尖角形突出，其顶端到达第 1 腹节的中部；中隆线不被后横沟割断，侧隆线发达。前胸腹板具领状薄边，无瘤突或叶片。前翅短，卵形，超过腹部第 1 节背板的后缘，覆盖鼓膜器的 4/5。后足股节粗壮，下基片长于上基片，上缘平滑，下膝片端部圆形。后足胫节黄褐色，内侧具刺 9 个，外侧具刺 10 个，有外端刺。腹部侧面观上缘不呈锯齿状。腹部黄褐色，两侧具暗色纵条纹。鼓膜器明显，大而圆。摩擦板如洗衣板。肛上板中部具纵沟。尾须锥形，几乎到达肛上板端部。下生殖板褐色，三角形，顶端尖。雌性复眼小，垂直直径同眼下沟等长。前翅较短，到达第 1 腹节的后缘。下生殖板宽大于长。体长：雄性 26.2mm，雌性 33.4mm。体色黄褐色。

夏氏驼背笨蝗

Humphaplotropis xiai Zhi, Shi & Dai, 2015

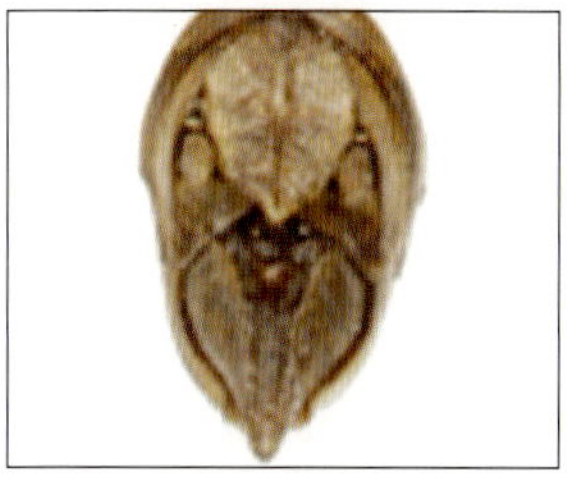

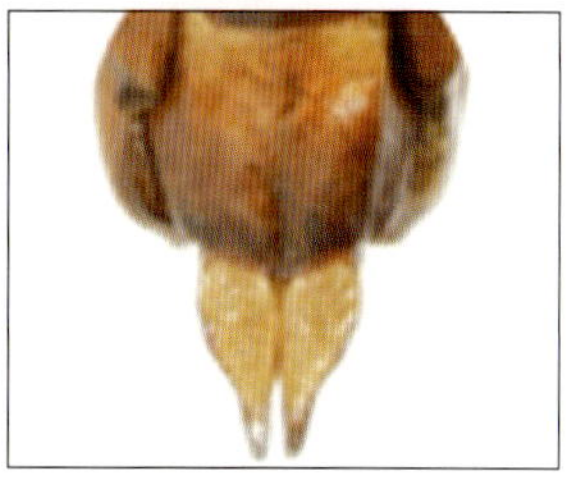

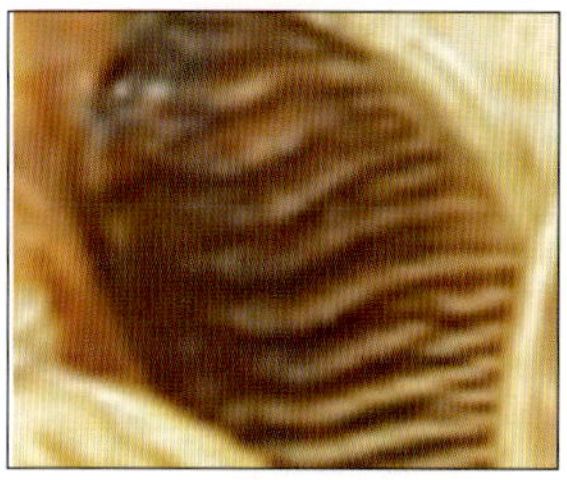

体型较大，雌性体型较雄性大。头短于前胸背板。颜面侧观微倾斜，颜面隆起具纵沟，两侧隆线平行，短，不到达唇基。触角黄褐色，丝状，22 节，不到达前胸背板的后缘。复眼褐色，球状。前胸背板沿中隆线呈较低的驼背隆起，前缘中央呈尖角形突出，其顶端到达复眼的后缘；后缘中央呈尖角形突出；中隆线不被后横沟割断，侧隆线发达。前翅短，卵形，侧置，超过腹部第 1 节背板的后缘，覆盖鼓膜器的 1/2。后足股节黄褐色，粗壮，长为最大宽度的 4.0 倍，下基片长于上基片，上隆线平滑，下膝片端部圆形。后足胫节和跗节黄褐色，腹部黄褐色，两侧无暗色纵条纹。鼓膜器明显，大而圆。摩擦板如洗衣板。肛上板中部具纵沟。尾须锥形，几乎到达肛上板端部。雌性复眼小，短于眼下沟长的长度。前翅较短，到达第 1 腹节的中部，覆盖鼓膜器的 1/5。下生殖板的长度等于最大宽度。体长：雄性 33.5~34.5mm，雌性 39.2~43.5mm。体色黄褐色。

短鼻蝗属 »

宽顶短鼻蝗

Filchnerella amplivertica Li, Zhang & Yin, 2009

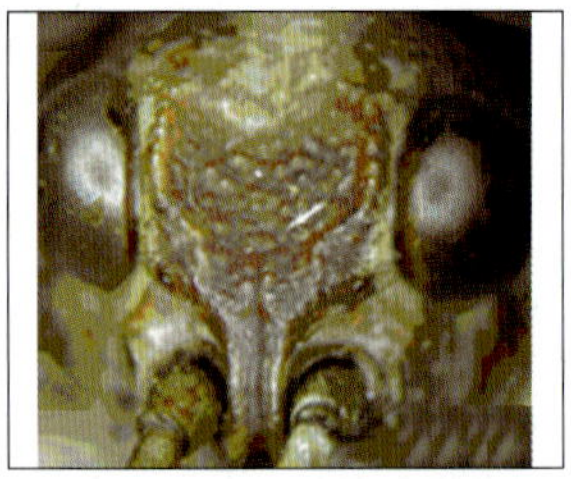

雄性体型中等，粗壮，具毛。头顶短而宽，复眼间的宽度为颜面隆起与触角基部间宽度的 4 倍，侧缘具隆线，向后延伸到复眼，具顶沟。头背面低凹，具瘤状突起。颜面隆起明显，全长具纵沟，在复眼之间微突出，单眼之下微收缩，向下渐渐开张，下唇处明显加宽。侧颊线明显，但从背面看不到。触角较长，为头和前胸背板长度之和。复眼大，近球状。前胸背板粗糙，前缘和后缘中部呈角形突出，中隆线呈片状隆起，被后横沟深深割断，沟前区同沟后区等长，中隆线在沟前区被 2 条横沟割断，在沟后区呈弓形隆起。前胸腹板前缘呈片状隆起，没有凹陷。前、后翅发达，顶端不到达肛上板基部。雄性前翅具淡色纵条纹，后翅暗色纹在第 3 臀域不狭小。后足股节粗壮，上缘隆线具齿，近膝部处凹陷；内侧暗蓝色，膝前红色，下缘内侧端半部红色，内缘腹面红色。后足胫节内侧基部和端部红色，中部暗蓝色；具内、外端刺。鼓膜器发达，鼓膜孔大，鼓膜片小。摩擦板长三角形，表面具细皱纹。腹部背面具 3 列瘤突，中间 1 列板状，明显特别。肛上板舌形，中部具纵沟。尾须长锥形。下生殖板短锥形，顶端尖。雌性体型较大而粗壮。头顶特宽，复眼间的宽度为颜面隆起在触角基部间宽度的 6 倍。触角的长略短于头和前胸背板的长度之和。前翅叶片状，在背部较宽地分开，到达腹部第 2 节背板的后缘，长明显大于前胸背板沟后区的长度。尾须短锥形。下生殖板后缘中部呈角形突出。产卵瓣桶状，顶端尖角形，下产卵瓣外缘中部之后具凹陷。体长：雄性 26.9~31.5mm，雌性 37.6~42.2mm。体色枯叶色。

定西短鼻蝗

Filchnerella dingxiensis Zhang, Xiao & Zhi, 2011

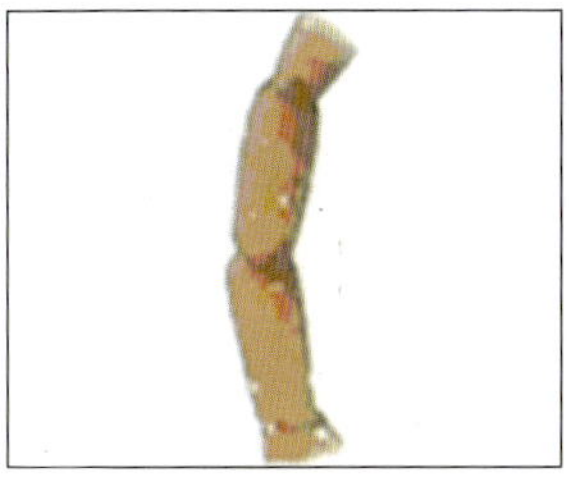

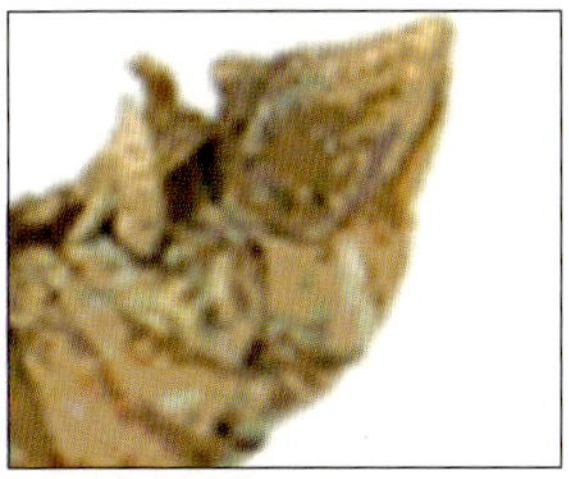

雄性体型中等，粗壮，具毛，足上较多。头顶短而宽，侧缘具隆线，向后延伸到复眼，具顶沟。头背面低凹，具瘤状突起。颜面隆起明显，全长具纵沟。复眼较大，近球状。触角较长，为头和前胸长度之和。前胸背板粗糙，具突起，前缘和后缘呈角形突出，中隆线呈片状隆起，被后横沟深深割断，沟前区同沟后区等长，中隆线在沟前区被2条横沟割断，在沟后区呈弓形隆起。中胸腹板中隔梯形，较宽，最小宽度大于侧叶的最大宽度。前翅在背部明显分开，顶端超过腹部第1节背板后缘。后足股节宽而扁，上缘隆线具齿，近膝部处具弓形凹陷；内侧暗蓝色，膝前红色，内侧膝片上缘黑色。后足胫节内侧基半部暗蓝色和端半部红色；具内、外端刺。鼓膜器发达，鼓膜孔大，鼓膜片小。摩擦板近长方形，表面具细皱纹。腹部背面具3列瘤突，中间1列板状，明显特别。肛上板舌形，中部具纵沟。尾须长锥形，向内弯曲。下生殖板短锥形，顶端尖。雌性体型粗壮并大于雄性。头顶特宽。前翅叶片状，在背部较宽地分开，超过腹部第1节背板的后缘，长明显短于前胸背板沟后区的长度。尾须短锥形。下生殖板后缘中部呈角形突出。产卵瓣短，钩形，顶端尖角形，下产卵瓣外缘近端部具凹陷。体长：雄性17.5~18.3mm，雌性25.2~28.1mm。体色枯叶色。

永登短鼻蝗

Filchnerella yongdenensis Xi & Zheng, 1984

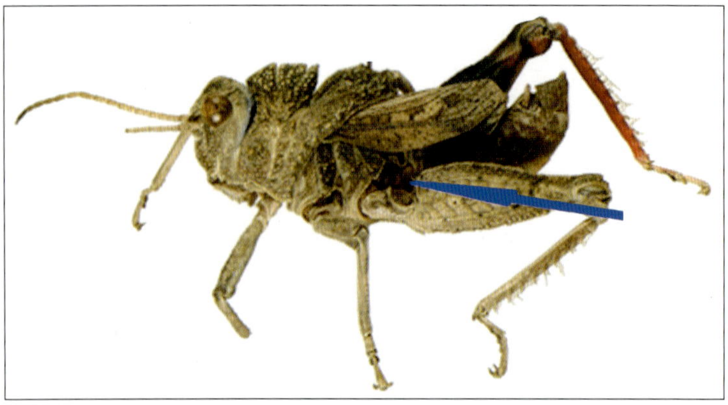

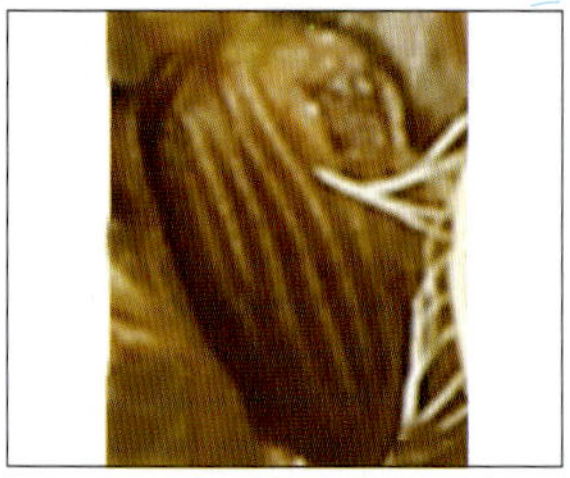

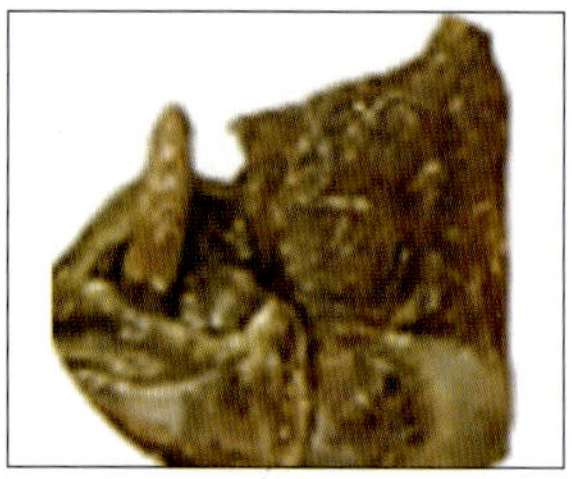

体型中等偏小。头顶较宽，其背面凹入，具侧缘隆线，顶端具细纵沟；头背部具棒状和颗粒状突起。颜面隆起在触角间略呈弧形向前突出，在中央单眼之下凹入。触角黄褐色，19 节，其长度约为头和前胸背板之和。前胸背板粗糙，沿其后缘具 1 列尖锐的锥形突起；前、后缘呈角状突出，中隆线呈片状较高地隆起，3 条横沟明显割断。前胸腹板前缘呈隆起片状，顶端中央具深凹口。前翅端部具黑斑纹，较发达，其顶端可到达第 7 腹节；后翅略短于前翅，暗色斑纹带较宽。后足股节粗短，上侧中隆线呈细齿状。后足胫节具内、外端刺。后足股节及胫节外侧褐色，上具黑色斑点；内侧黑色，其上、下缘杂有红色，顶端红色。后足胫节内侧均为鲜红色；跗节黄褐色；腹部黄褐色。摩擦板近三角状，其表面密布细隆线。肛上板近卵圆形，顶端较尖。尾须呈长圆锥状。雌性前翅呈鳞片状，其顶端仅到达腹部第 3 节。肛上板狭长，顶端较尖，具中纵沟，中央具 1 横隆线。尾须粗短，锥状。产卵瓣顶端尖锐，上、下产卵瓣外缘均无齿。体长：雄性 22.0~23.0mm，雌性 28.0~31.0mm。体色褐色。

突颜蝗属 >>

蓝足突颜蝗

Eotmethis cyanipes Li, Wang & Yin, 2013

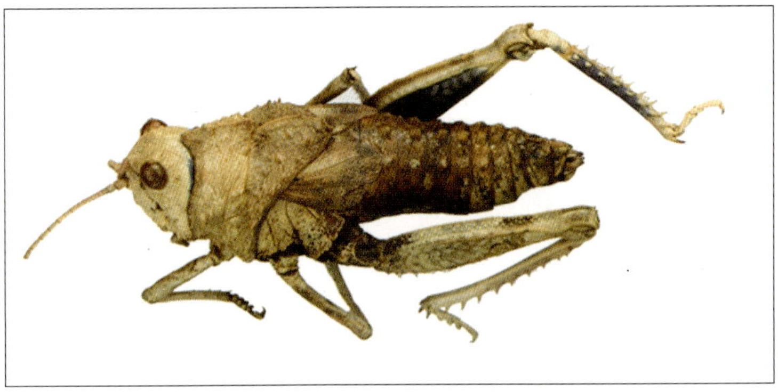

雄性体型中等，粗壮，具毛。头顶短而宽，侧缘隆线明显，延伸到复眼中部，具顶沟。头背面低凹，具瘤状突起。颜面隆起明显，在触角之间微向前突出，中单眼之下收缩，向下开张，近下唇处明显加宽。侧颊线明显，但从背面看不到。触角 22 节，等于头和前胸背板长度之和。复眼大，近球状。前胸背板粗糙，具短的突起，前、后缘中部角形突出，中隆线呈片状隆起，明显被后横沟深深割断，沟前区和沟后区几乎等长，中隆线在沟前区被 2 条横沟割断，在沟后区呈弓形隆起。前胸腹板前缘呈片状隆起，中部具凹陷。中胸腹板中隔梯形，宽，最小宽度大于侧叶的最大宽度。前翅黑色，具 2 条淡色纵条纹；较短，仅到达腹部第 4 节。后足股节内侧蓝色，膝前部黄白色；上隆线具齿，长为最大宽度 4 倍。后足胫节蓝色，内侧具刺 9 个，外侧具刺 10 个，有内、外端刺。后足跗节黄白色，爪间中垫大，超过爪的中部。鼓膜器发达，鼓膜孔扩大，鼓膜片小。摩擦板长三角形，具薄皱纹。腹部中央具 1 列瘤状突起。尾须长锥形。肛上板舌形，中央具纵沟。下生殖板短锥形，顶端细。雌性体型大而粗壮。头顶特宽。触角的长略短于头和前胸背板长度之和。前翅褐色，具明显的黑色斑点；叶片状，到达第 2 腹节背板的中部，在背部明显分开，其长度略长于沟后区的长度。尾须短锥形。下生殖板后缘中部具尖角形突出。产卵瓣桶状，端部钩形，下产卵瓣外缘中部之后凹陷。体长：雄性 23.8~25.2mm，雌性 32.9~34.1mm。体色灰褐色。

夏氏突颜蝗

Eotmethis xiai Ye, Shi & Zhi, 2015

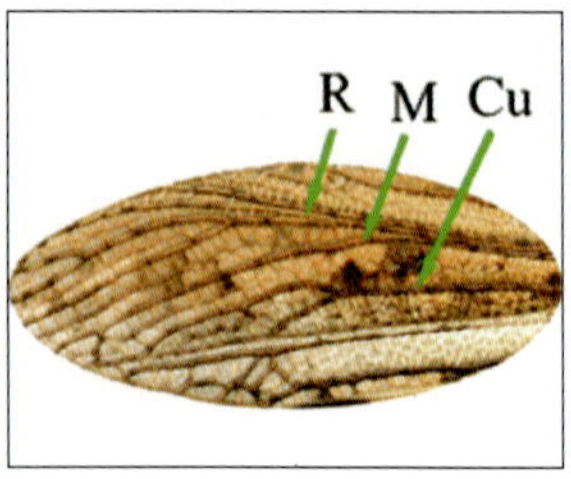

雄性体型中等，粗壮，具毛。头顶短而宽，复眼间的宽度为复眼直径处宽度的 1.6 倍，顶沟明显。头背面低凹，具瘤状突起。颜面隆起明显，全长具纵沟。侧颊线明显。复眼近椭圆形。触角 22 节，仅到达前胸背板中部。前胸背板粗糙，具短的突起，前、后缘中部角形突出，中隆线呈片状隆起，明显被后横沟深深割断，比沟前区 2 条横沟深，沟前区和沟后区几乎等长，在沟后区呈弓形隆起。前胸腹板前缘呈片状隆起，中部具凹陷。中胸腹板中隔梯形，宽，最小宽度大于侧叶的最大宽度。前翅发达，到达肛上板基部，R 脉具 2 个分支，M 脉不分支，Cu 脉具 1 个分支。后足股节枯叶色，外侧具白纹，内侧暗蓝色，内膝片红色，内侧下区红色宽扁；上缘隆线具齿。后足胫节内侧基部和端部红色，中部暗蓝色；内具侧刺 9 个，外侧具刺 10 个，有内、外端刺。后足跗节蔷薇色，爪间中垫大，超过爪的中部。鼓膜器发达。摩擦板半圆形，具薄皱纹。腹部中央具 1 列瘤状突起。尾须长锥形。肛上板舌形，中央具纵沟。下生殖板短锥形，顶端尖。雌性体型大而粗壮。头顶宽。前翅叶片状，到达第 2 腹节背板的中部，在背部明显分开，其长度明显长于沟后区的长度。尾须短锥形。下生殖板后缘中部具尖角形突起。产卵瓣很短，弯曲，端部尖。体长：雄性 24.2~27.2mm，雌性 35.1mm。体色褐色。

宽顶突颜蝗

Eotmethis platyverticus Li, Shi & Zhi, 2016

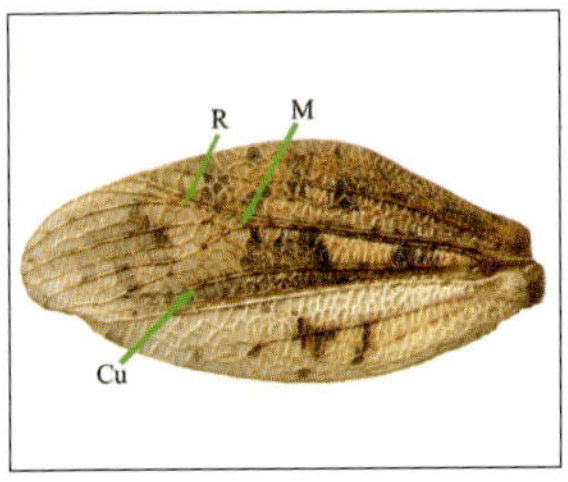

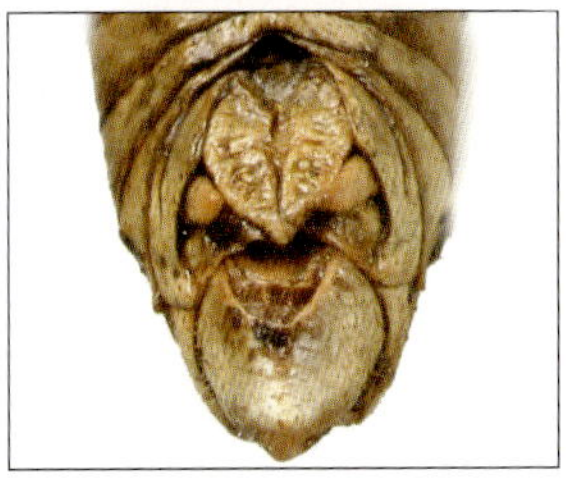

雄性体型中等，粗壮。头顶短而宽，复眼间的宽度为复眼直径的 1.2 倍，侧缘隆线明显，延伸到复眼中部，具顶沟。头背面低凹，具瘤状突起。颜面隆起明显。侧颊线明显。触角 20 节，超过前胸背板的中部。复眼大，近球状。前胸背板两侧具 2 条宽的纵白纹，粗糙，具短的突起，前、后缘中部角形突起，中隆线呈片状隆起，明显被后横沟深深割断，沟后区长于沟前区，中隆线在沟前区被 2 条横沟割断，在沟后区呈弓形隆起。前胸腹板前缘呈片状隆起，被分为 2 个尖角叶。中胸腹板中隔梯形，宽，最小宽度明显大于长度。前翅从基部到中部具 2 个淡色斑；较长，到达腹部第 6 节，R 脉有 1 个分支，M 脉有 2 个分支，Cu 脉不分支。后翅暗纹在前缘较宽。后足股节上缘隆线具齿，长为最大宽度的 3.2 倍。后足胫节内具刺 8 个，外侧具刺 10 个，有内、外端刺。后足跗节爪间中垫大，到达爪的中部。鼓膜器发达，鼓膜孔较大，鼓膜片大。摩擦板近长三角形，具薄皱纹。腹部中央具 1 列瘤状突起。尾须长锥形，到达肛上板端部。肛上板形如桃子，中央具纵沟。下生殖板短，顶端尖角形。雌性体型大而粗壮。头顶特宽，在复眼间的宽度为复眼直径的 2 倍。前翅叶片状，到达第 2 腹节背板的中部，在背部明显分开，其长度明显长于沟后区的长度。尾须短锥形。下生殖板后缘中部具尖角形突出。产卵瓣很短，弯曲，端部尖。体长：雄性 23.2mm，雌性 29.8mm。体色褐色。

石嘴山突颜蝗

Eotmethis shizuishanensis Li, Shi & Dang, 2016

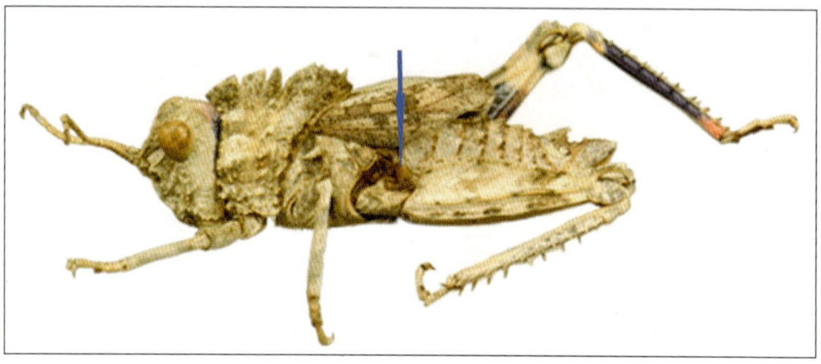

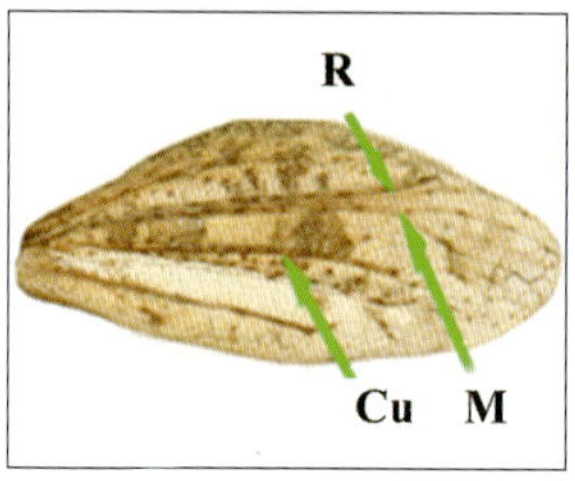

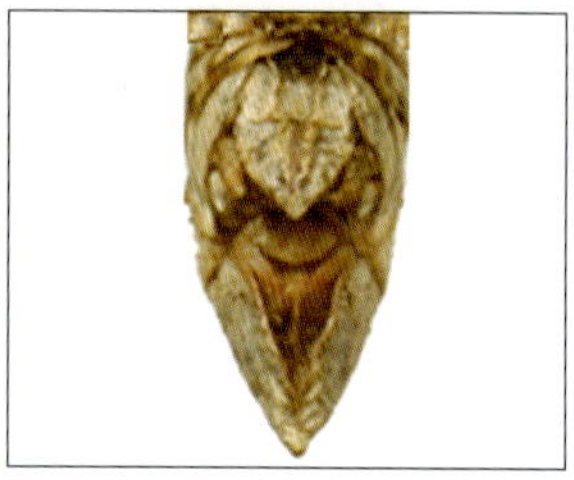

雄性体型中等，粗壮。头顶短而宽，侧缘隆线明显，延伸到复眼中部，具顶沟。头背面低凹，具瘤状突起。颜面隆起明显，在触角之间向前突出，中单眼之下收缩，向下开张，近下唇处明显加宽。侧颊线不明显。触角 20 节，超过前胸背板的中部。前胸背板近前缘处具 2 个宽白斑；粗糙，具短的突起，前、后缘中部角形突出，中隆线呈片状隆起，明显被后横沟深深割断，沟前区和沟后区几乎等长，中隆线在沟前区被 2 条横沟割断，在沟后区呈弓形隆起。前胸腹板前缘呈片状隆起，分成 2 个尖角形叶突。中胸腹板中隔梯形，宽，最小宽度明显大于侧叶的最大宽度。前翅较长，到达腹部第 4 节背板后缘， R 脉不分支，M 脉有 1 个分支，Cu 脉不分支；雄性前翅近外缘处具暗带纹。后足股节内侧基部黄褐色，端部红色，其余部分暗蓝色；上缘隆线具齿，长为最大宽度的 3.5 倍。后足胫节内侧具刺 9 个，外侧具刺 10 个，有内、外端刺。后足跗节黄褐色，爪间中垫大，到达爪的中部。鼓膜器发达，鼓膜孔扩大，鼓膜片大。摩擦板近梯形，具薄皱纹。腹部中央具 1 列瘤状突起。尾须长锥形，不到达肛上板端部。肛上板盾状，中央具纵沟。下生殖板短，顶端角形。雌性体型大而粗壮。头顶特宽，在复眼间的宽度为复眼直径的 2 倍。前翅叶片状，超过第 2 腹节背板的后缘，在背部明显分开，其长度明显超过沟后区的长度。尾须短锥形。下生殖板后缘中部具尖角形突起。产卵瓣很短，弯曲，端部尖。体长：雄性 25.6~26.3mm；雌性 33.1mm。体色褐色。

甘肃突颜蝗

Eotmethis gansuensis Yin, Li & Yin, 2014

雄性体型中等，粗壮，具毛。头顶短而宽，侧缘隆线明显，超过复眼中部，具顶沟。头背面低凹，具瘤状突起。颜面隆起明显，全长具纵沟。复眼圆形，短于眼下沟的长度。触角 20 节，超过前胸背板中部。前胸背板粗糙，具短的突起，前、后缘中部角形突出，近前缘处具 2 条纵纹，后翅暗纹在前缘较宽；中隆线呈片状隆起，明显被后横沟深深割断，沟前区和沟后区几乎等长，沟前区被 2 条横沟割断，在沟后区呈弓形隆起。前胸腹板前缘呈片状隆起，分成 2 个尖叶。前翅发达，到达肛上板端部。后足股节宽扁，内侧下区端部 1/3 为红色，上侧具 2 个黑斑；上缘隆线具齿。后足胫节基部和端部红色，其余部分暗蓝色，胫节刺基部红色，顶端黑色。后足跗节红色，爪间中垫大，超过爪的中部。鼓膜器发达，鼓膜孔开展，鼓膜片大。摩擦板长三角形，具薄皱纹。腹部中央具 1 列瘤状突起。尾须长锥形，到达肛上板端部。肛上板舌形，中央具纵沟。下生殖板短，顶端角形。雌性体型大而粗壮。头顶宽。前翅叶片状，到达第 2 腹节背板的后缘，在背部明显分开。尾须短锥形。下生殖板后缘中部具尖角形突出。产卵瓣短，弯曲，端部尖。体长：雄性 24.3~25.7mm，雌性 32.2~33.6mm。体色褐色。

贺兰突颜蝗

Eotmethis holanensis Zheng & Gow, 1981

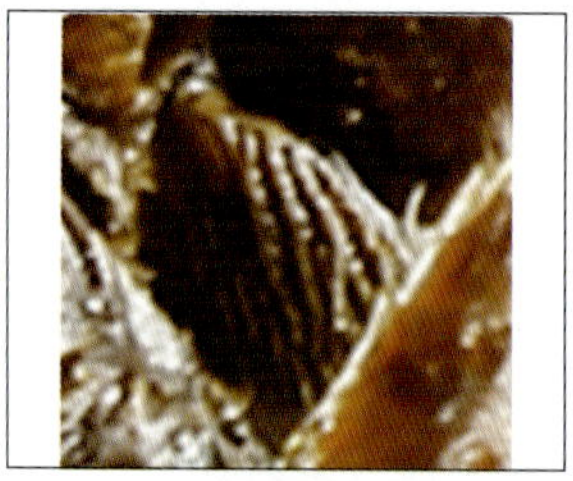

雌性体型粗大，具有粗密的颗粒及短隆线。头短于前胸背板。头顶宽，表面低凹，具有稀疏、粗大的颗粒和皱纹，侧隆线隆起较低，其前部具弱的纵沟。颜面隆起在中央单眼以下明显凹入，凹沟较深。复眼较小，近圆形。触角粗短，向后不超过前胸背板后缘，16~18 节。前胸背板黄褐色，沿中隆线的前缘、中部及后缘具暗褐色斑块；前、后缘呈角形突出，中隆线极高地隆起，被 3 条横沟明显切断；前胸背板具粗大的锥形突起，沿后缘具 1 排锥状突起。前翅鳞片状，在背部较宽地分开。前、中足褐色。后足股节粗短，上侧及外侧黄褐色，具 2~3 个暗褐色横斑，内侧黑色。后足胫节外侧黄褐色，内侧端部 1/3 处红色，基部黄褐色，其余部分蓝色；顶端具内、外端刺。肛上板狭长，基部较平，顶端较尖；肛上板中部具 1 横隆线，肛上板中央具有基部宽、末端尖的纵沟。尾须极短、锥状。产卵瓣末端尖锐，上、下产卵瓣外缘均无齿。体长：雌性 34~35mm。体色黄褐色。

2. 锥头蝗科 Pyrgomorphidae

锥头蝗科，体型多为小型至中型，一般细长呈纺锤形，颜面侧面观向后倾斜。头顶向前突出较长，顶端中央具深而狭的颜顶角沟。触角剑状，后足股节外侧上、下侧隆线间具不规则的短棒状隆线或颗粒状突起。

负蝗属 »

短额负蝗

Atractomorpha sinensis Bolívar, 1905

雌性体型明显比雄性粗壮。体形一般较匀称，头顶较短，向顶端趋狭，显著地突出于两复眼，其长度略长于复眼纵径；端部为圆弧形，中央具细纵沟。触角剑状。颜面强烈地向后倾斜，与头顶呈锐角。复眼大而突出，长卵形，后具 1 纵列小而隆起的白色颗粒。前胸背板宽平，前缘较平直，后缘钝圆形；中隆线细且全长完整，侧隆线较不明显；后横沟位于背板中部之后。前胸背板中隆线低平；侧片后缘内凹，后缘前方有 1 环形膜区。前胸腹板突片状；中胸腹板侧叶间中隔长方形。前翅较远地超过后足股节端部，顶端尖锐。后翅粉红色，长度略短于前翅。后足股节上侧中隆线平滑，外侧密布白色颗粒，基部的上基片长于下基片。跗节爪间中垫超过爪之中部。雄性下生殖板侧面观为椭圆形，顶端钝。雌性上、下产卵瓣粗短，顶端弯曲，上产卵瓣外缘有大小不一的小齿。体长：雄性 19~23mm，雌性 28~35mm。体色草绿色或者黄褐色，全身散布细小的白色颗粒。蝗卵形态见右下图。

3. 瘤锥蝗科 Chrotogonidae

瘤锥蝗科，体型小型至大型，体形圆柱状、纺锤状或扁平状。头部圆锥形，颜面与头顶形成锐角形，或颜面近乎垂直。颜面隆起具有纵沟，头顶端部具颜顶角沟。前胸背板平坦或具有瘤状突起。前胸腹板突瘤状或在前缘呈片状隆起。

黄星蝗属 »

黄星蝗

Aularches miliaris（Linnaeus, 1758）

雄性与雌性体型都较大。头顶三角形，前端具纵沟；头部背面黑褐色，复眼之下为黄色。复眼近圆形。触角黑色，丝状，长度超过前胸背板后缘。前胸背板具瘤状隆起，前缘2个瘤突突出，圆形；中隆线仅在沟后区明显，缺侧隆线。前胸背板背面及侧片上部全黑色或前、后缘黄色或橘红色，中部黑色；侧片下部黄色；中、后胸的腹面黄色或橘红色，杂有褐色斑块。前翅橄榄色，具有许多大小不等、圆形、黄色的斑点；较长，超过后足胫节的中部，顶端圆形。后翅暗褐色，顶端略淡；长度略短于前翅，呈宽三角形；后足股节匀称，上侧的中隆线平滑。后足胫节具外端刺和内端刺，外缘具刺7~8个，内缘具刺8~10个。后足股节黑色，上侧和下侧的隆线均呈黄色，外侧中部具有不规则的黄色纵条纹；后足胫节黑色。跗节爪间中垫较长，顶端到达或超过爪的顶端。腹部黑色，各节的后缘橘红色，仅前端数节背板上端之半的后缘黑色。肛上板三角形。尾须短锥形，不到达肛上板之顶端。下生殖板短锥形，顶端钝圆形。尾须和下生殖板呈黄色或橘红色。雌性产卵瓣顶端较狭，钩状，上产卵瓣之上外缘具钝齿，下产卵瓣的下外缘基部具有不明显的齿。体长：雄性36.8~54.6mm，雌性46.6~69.0mm。体色黑色或黑褐色。

4. 斑腿蝗科 Catantopidae

斑腿蝗科，体型中型至大型。触角丝状。前胸背板具有明显的前胸腹板突，呈锥形、圆柱形、横片状等；中胸腹板侧叶一般较宽地分开；后胸腹板侧叶一般均彼此分开。后足股节外侧上、下隆线间具羽状平行隆线。

稻蝗属 »

中华稻蝗

Oxya chinensis (Thunberg, 1825)

体型中等，雌性体型略大于雄性。头部在复眼之后沿前胸背板侧片上缘具明显的褐色纵条纹。触角细长，雄性刚超过前胸背板后缘，雌性则不超过。复眼较大。前胸背板较平坦，两侧缘平行；中隆线明显，缺侧隆线；3 条横沟明显，沟前区长于沟后区。头胸腹面观：前胸腹板突为圆锥形，端部狭锐。中胸腹板侧叶较宽地分开，中隔长度大于宽度。前后发达，前翅较长，刚超过后足胫节中部，后翅则略短；前翅绿色，或前缘绿色，其余褐色，后翅无色；前翅径脉域有不规则排列的小横脉。后足股节绿色，膝部上膝片褐色或暗褐色，胫节绿色或青绿色。后足股节外侧基部的上基片长于下基片，膝部内、外侧的上膝侧片为圆形，下膝侧片端部向后延伸，形成锐刺。后足跗节中垫较大，超过爪。雌性腹部第 2、3 节背板侧面后下角均缺刺。胫节端部之半的上侧边缘明显地扩大，端部具明显的外端刺。雄性腹部末节背板后缘缺尾片；肛上板圆三角形，侧基部无褶皱，且较平，在基部两侧缺沟纹，两侧中部缺突起；尾须圆锥形，端部不明显趋细。雌性产卵瓣细长，外缘具细齿。体长：雄性 15.1~33.1mm，雌性 19.6~40.5mm。体色绿色或褐绿色，或背面黄褐色、侧面绿色。

中华稻蝗和无齿稻蝗形态较接近，主要区别为：中华稻蝗体型较大，雌性下生殖板后缘中央具有 1 对小齿；无齿稻蝗体形较小，雌性下生殖板后缘平滑无齿。

芋蝗属 »

芋蝗

Gesonula punctifrons (Stål, 1860)

体型较小，匀称。头小且较前胸背板短，具黑褐色眼后带。触角较粗短，到达或超过前胸背板的后缘。前胸背板圆桶形，具粗大而明显的刻点，后端稍扩大；前缘平直，后缘为圆弧形；中隆线不明显，缺侧隆线。前胸腹板突圆锥形，向后倾斜。中胸腹板侧叶方形，中隔长度为宽度1.25倍；后胸腹板侧叶后端在雄性中相接，雌性则分开。前翅较长，顶端圆形，长度超过后足股节顶端甚远；褐色。后足股节黄绿色；上膝侧片的顶端圆形，下膝侧片顶端成锐刺状。后足胫节青蓝色，基部红色；顶端部分的边缘扩大，内缘具刺8 ~ 9个，近顶端2刺之间的距离大于其余各刺间的距离，外缘具刺8 ~ 9个(包括外端刺)。肛上板中央纵沟基部略窄，顶部则有所扩大。尾须细长，较直，顶端较尖，长度超过肛上板的顶端。下生殖板短锥形，顶端宽圆。雌性产卵瓣上瓣大于下瓣，外缘具尖细齿。下生殖板后缘突出，呈三角形。体长：雄性17.0~18.0mm，雌性19.0~22.0mm。体色绿色或草绿色。

杜蝗属 »

南岭杜蝗

Toacris nanlingensis Liu & Yin, 1988

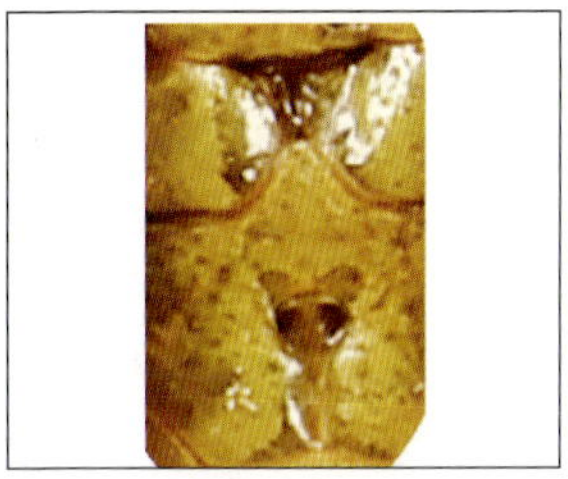

体型中等。头短于前胸背板。头顶较突出，颜面隆起直达唇基。触角顶端和基半部浅色，其余为暗褐色；丝状，细长，其长度超过后足股节基部。前胸背板圆筒形，中隆线全长明显，被3条横沟切断，侧隆线缺；前胸背板前缘较平直，后缘钝角形，中央具1个凹口。前胸背板背面浅褐色，两侧各有一条黑色纹带。前胸腹板突锥形，上半部前后侧扁。翅发达，前翅超过后足股节顶端，径脉域具有1列排列整齐的小横脉；肘脉域之前黑褐色，臀脉域黄绿色；后翅无任何斑纹，略短于前翅。后足股节上侧中隆线平滑，内、外下膝侧片均呈刺状；股节黄褐色，端部红色。后足胫节黑色，基部红色，具外端刺。跗节蓝绿色。腹部末节背板后缘具尾片。尾须锥形，刚刚到达肛上板顶端。体长：雄性33.5mm，雌性40.3mm。体色黄绿色。

棉蝗属 »

棉蝗

Chondracris rosea rosea (De Geer, 1773)

体型粗大，分布粗大的刻点以及较密长绒毛。颜面略倾斜，中单眼之下有纵沟。触角 24 节，丝状，细长，超过前胸背板后缘。前胸背板缺侧隆线。3 条横沟明显，均割断中隆线，中隆线显著地隆起，呈屋脊状。前胸腹板突长圆锥形，较强地向后弯曲，其端部到达中胸腹板前缘。中胸腹板侧叶间中隔较狭长，其内缘近乎直角形。后胸腹板侧叶后端互相毗连。前、后翅皆发达，前翅较宽，顶端宽圆。后翅略短于前翅，透明，不到达或刚到达后足胫节的中部；后翅基部玫瑰红色，顶端本色。后足股节外侧基部上基片长于下基片，外下膝片端部呈圆形；上侧中隆线呈锯齿状；后足股节内侧黄色；后足胫节顶端无外端刺；后足胫节红色，胫节齿端部黑色。后足跗节爪间中垫长于两爪。体长：雄性 49.4~59.3mm，雌性 68.2~95.3mm。体色通常为青绿色或黄绿色。蝗卵形态见下右图。

大棉蝗

Chondracris rosea brunneri Uvarov, 1924

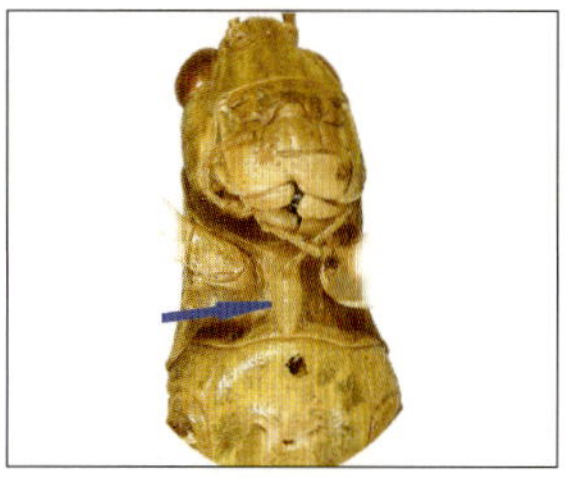

体型粗大，雌性体型明显大于雄性，是我国已知蝗虫中最大种类。体表具密布长绒毛和粗大刻点。头大而短，且无中隆线，头侧窝亦不明显。复眼棕褐色，长圆形。触角 28 节，丝状，超过前胸背板的后缘。前胸背板屋脊状，前缘向前突出，后缘呈直角形突出；中隆线明显隆起，侧面观呈弧形；侧隆线消失；3 条横沟均割断中隆线。前胸腹板突长圆锥形，向后倾斜，基本到达中胸腹板的前缘，顶端稍圆。前、后翅均发达，前翅较宽，顶端宽圆，后翅略短于前翅，透明；后翅基部红色，其余部分无色。鼓膜器发达。后足股节内侧黄色；上基片长于下基片。后足胫节红褐色，顶端无外端刺，沿外缘具齿 9~10 个，内缘齿 11 个，胫节齿端部黑色。后足跗节第 1 节较长，爪间中垫明显超过爪端部。肛上板三角形，尾须锥形，略向内弯曲。下生殖板长圆锥形。雌性后胸腹板侧叶的后端较宽地分开。产卵瓣较小，边缘光滑。体长：雄性 52.7~53.9mm，雌性 66.7~72.lmm。体色绿色或黄绿色。

刺胸蝗属 »

刺胸蝗

Cyrtacathacris tatarica（Linnaeus, 1758）

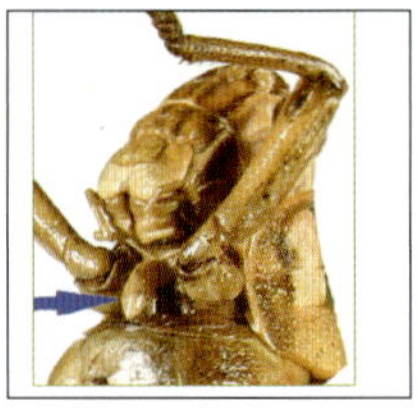

后足股节黄褐色，上侧具 2 个黑色斑纹。后足胫节黄褐色。体长：雄性 40.9~41.9mm，雌性 49.9~56.4mm。体色黄褐色。

体型较大，雌性较雄性大而粗壮。颜面垂直，两侧平行，头侧窝不明显。复眼卵形，复眼下方具 1 条暗纵纹。前胸背板中隆线向后有 1 条黄色宽条纹；黄条纹两侧各具 2 个黑色斑纹，侧叶靠近下缘处具 1 黑色长斑纹；中隆线被 3 条横沟切断；中隆线略呈屋脊状隆起，后横沟位于中部。前胸腹板突向后弯曲。中胸腹板中隔长大于宽；后胸腹板侧叶后端分开。前、后翅非常发达，前翅具黑色斑纹。

直斑腿蝗属

长角直斑腿蝗

Stenocatantops splendens (Thunberg, 1815)

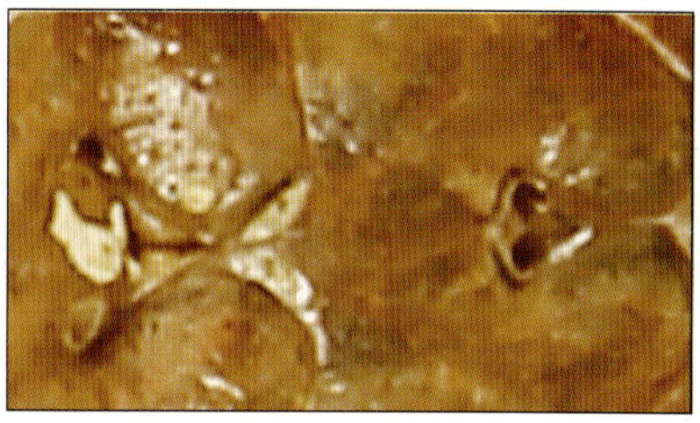

体型细长。颜面隆起纵沟明显，侧隆线直且明显。触角较细长，超过前胸背板的后缘。前胸背板圆柱形；中隆线被 3 条横沟割断，后横沟近位于中部，缺侧隆线。前胸腹板突侧扁，向后倾斜。中、后胸背板侧片具黄褐色斑纹。前翅长，超出后足股节端部。后足股节细长，外侧具黑色纵条纹，内侧上部黑色，下部红色；膝片的基部红色。后足胫节红色，略短于股节，缺外端刺。尾须圆锥状，略向内弯曲。下生殖板锥状，较长，顶端略尖。雌性产卵瓣较短，上产卵瓣外缘无细齿。体长：雄性 28.5~31.5mm，雌性 34.5~43.0mm。体色褐色。

外斑腿蝗属 »

短角外斑腿蝗

Xenocatantops brachycerus (Willemse, 1932)

雄性体型为中小型，粗壮。头短于前胸背板，头顶略向前突出。复眼卵圆形。触角较短粗，刚到达或略超出前胸背板的后缘。复眼后方、沿前胸背板侧片的上部和后胸背板侧片具黄色纵条纹。前胸背板的沟前区较紧缩，背面和侧片具粗刻点；后横沟近位于中部，缺侧隆线。前翅微烟色，较短，刚到达或略超过后足股节的端部。后翅基部淡黄色。后足股节外侧黄色，具黑褐色或黑色横斑纹2个，沿下隆线纵向延伸，下缘褐色，内侧红色，具黑色斑纹。后足胫节红色，无外端刺。尾须锥形，微向内弯曲。雌性产卵瓣粗短，上产卵瓣的上外缘无细齿。体长：雄性17.5~21.0mm，雌性22.0~28.0mm。体色褐色。

星翅蝗属

短星翅蝗

Calliptamus abbreviatus Ikonnikov, 1913

体型小至中型，雌性体型比雄性粗壮。触角丝状，超过前胸背板后缘。自头顶两条淡色纵纹，达胸、翅，在翅端部相接，全长呈梭形。前胸背板前、中、后横沟均将中隆线割断，后横沟位于前胸背板中部。前胸腹板突圆柱形，顶端钝圆。中胸腹板侧叶间中隔长方形，宽大于长。前翅较短，具黑色小斑点，雄性通常不到达后足股节端部，雌性则超过后足股节端部。后翅无色。后足股节短粗，内侧红色，端半部有 2 条不完整的黑横带。胫节红色，缺外端刺。雄性尾须背观向内弯曲，狭片状；端部分成上、下两支，上支长于下支。雌性产卵瓣短粗。体长：雄性 12.9~21.1mm，雌性 23.5~32.5mm。体色褐色、黑褐色。蝗卵形态见下右图。

黑腿星翅蝗

Calliptamus barbarus barbarus (Costa, 1836)

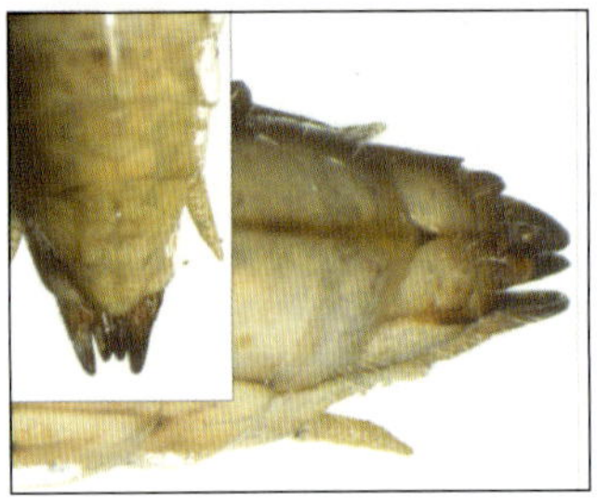
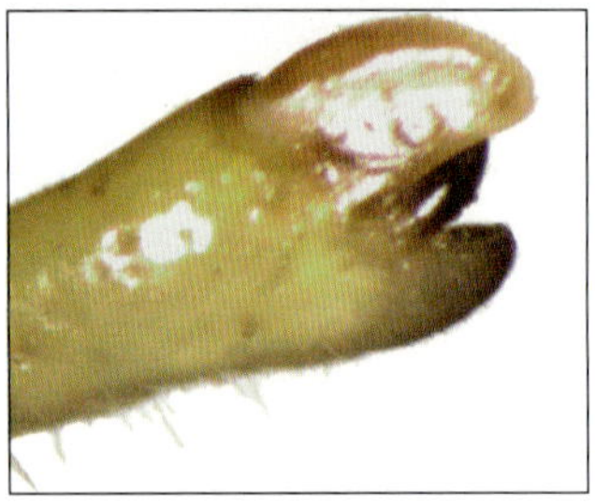

体型为小型至中型，雌性体型比雄性较大。头短于前胸背板。头顶略向前突出，低凹，缺头侧窝。颜面侧面观略向后倾斜，颜面隆起明显，具刻点，缺纵沟，两侧缘几乎平行。复眼卵形。触角丝状，不到达或到达前胸背板的后缘。前胸背板具明显的中隆线和侧隆线。前胸腹板突圆柱形；中胸腹板侧叶较宽地分开，中隔长、宽相等。前、后翅发达，接近或超过后足股节端部。前翅具黑斑点，后翅基部红色或玫瑰色。股节外侧基部的上基片长于下基片，上侧中隆线呈锯齿状，外下膝片呈圆形；内侧橙红色具 1 较大的、卵形的、黑色斑块，内上侧具 1 ~ 3 个不完整的黑斑纹。后足胫节橙红色或柠檬黄色。雄尾须狭长，呈尾铗状，较强地向内弯曲，其顶端分成 2 支，上支长于下支，下支又分 2 小齿。下生殖板短锥形。雌性产卵瓣短粗，上、下产卵瓣外缘平滑。体长：雄性 13.7~22mm，雌性 22.7~41.5mm。体色黄褐色。蝗卵形态见右下图。

意大利蝗

Calliptamus italicus (Linnaeus, 1758)

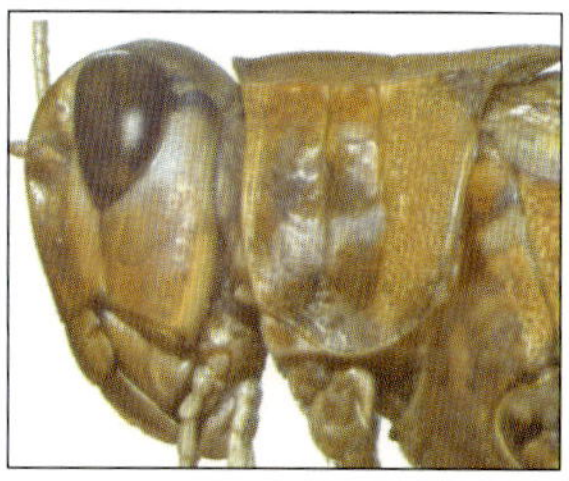
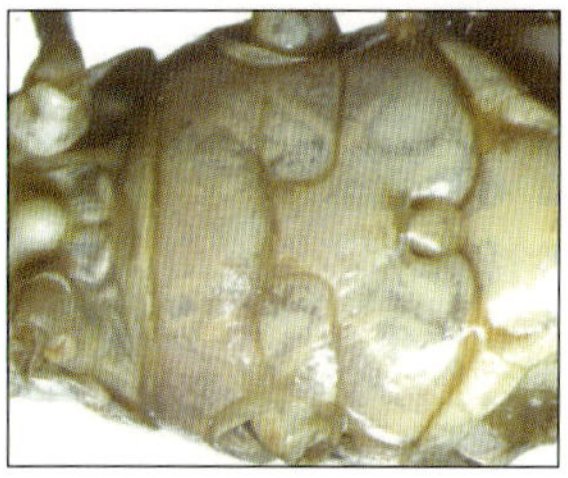

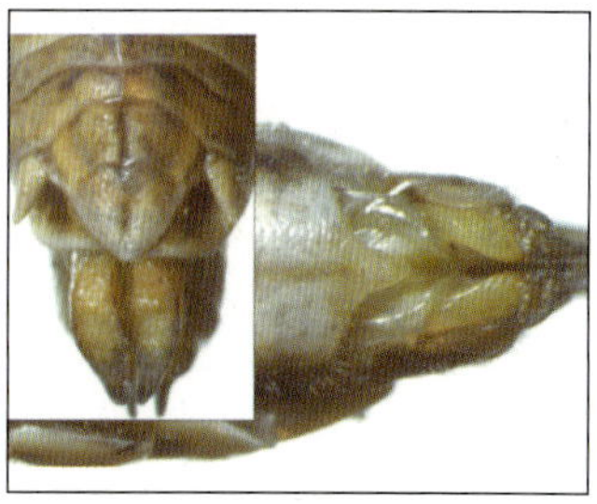

体型中等，雌性与雄性相似，但比雄性粗大。头顶略向前突出，两侧缘具隆线，但缺头侧窝。复眼卵圆形。触角丝状，长度通常可到达或超过前胸背板的后缘。前胸背板圆筒形，沿侧隆线方向有淡色纵条纹；前缘圆弧形，后缘为钝角；中隆线和侧隆线明显，中隆线被横沟割断，沟前区长度等于沟后区。前胸腹板突近圆柱形。中胸腹板侧叶较宽地分开，中隔长宽近相等。前、后翅较长，长度接近或超过后足股节端部；前翅为褐色，具许多不规则黑色斑点，后翅基部为红色或玫瑰色。后足股节粗短，外侧基部的上基片长于下基片，上侧中隆线呈锯齿状，外下膝片呈圆形；内侧红色或玫瑰色，具2个黑斑纹，上膝侧片黑色。后足胫节红色。尾须呈尾铗状，较强地向内弯曲，其顶端分成上、下2支，上支长于下支，下支的端部又分裂为2个小尖齿。体长：雄性14.5~25mm，雌性23.5~41.1mm。体色褐色、黄褐色或灰褐色。蝗卵形态见右下图。

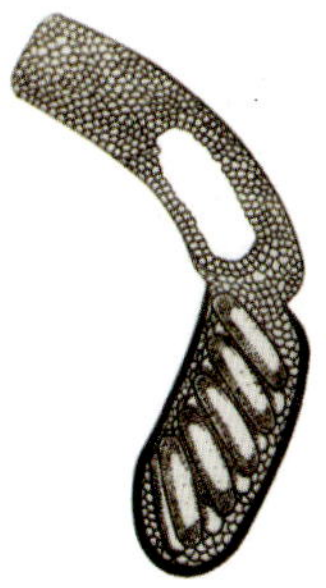

伪星翅蝗

Calliptamus coelesyriensis (Giglio-Tos, 1893)

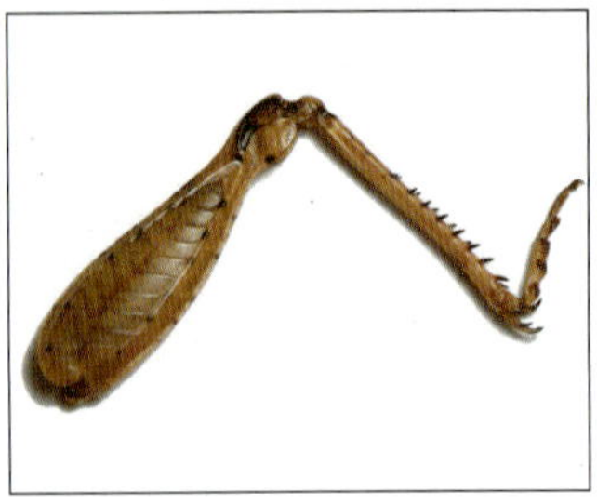

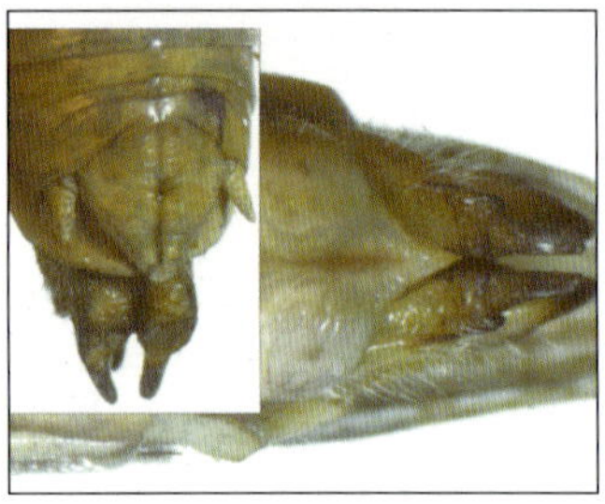

体型中等，雌性个体稍较大。前胸背板的中隆线和侧隆线明显，3 条横沟明显，后横沟位于中部。前胸腹板突圆锥形，顶端钝圆。中胸腹板侧叶分开较宽，中隔宽大于长度；后胸腹板侧叶分开。前后翅发达，前翅具密布不规则的黑色或褐色斑点，后翅基部玫瑰色。后足股节上侧中隆线呈锯齿状，外下膝片呈圆形；内侧玫瑰色或玫瑰紫色，具 2 个黑色斑纹。后足胫节玫瑰色。雄性尾须呈尾铗状，向内向下弯曲，其顶端分裂为 2 支。下生殖板长方形，后缘中央呈钝角状突出。体长：雄性 19.5mm，雌性 23.5mm。体色褐色或暗褐色。蝗卵形态见右下图。

相似种比较：短星翅蝗、意大利蝗、黑腿星翅蝗和伪星翅蝗形态较接近，比较如下：

1（2）后翅基部本色（短星翅蝗）

2（1）后翅基部红色或玫瑰色

3（6）雄尾须端部的下齿分裂为 2 个小齿

4（5）后足股节内侧红色，通常具 2~3 个黑色斑纹（意大利蝗）

5（4）后足股节内侧橙红色或橙黄色，生有 1 占股节内侧 1/3~1/2 大小的卵形黑斑块（黑腿星翅蝗）

6（3）雄性尾须端部的下齿不再分裂为 2 个小齿（伪星翅蝗）

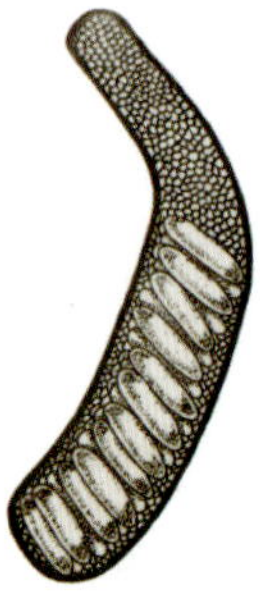

素木蝗属 »

长翅素木蝗

Shirakiacris shirakii (I. Bolívar, 1914)

体型中型，雌性体型比雄性大，且粗壮。头顶和前胸背板具 1 条黑色宽条纹；前胸背板在黑色纵条纹的两侧具黄色条纹，纵带略弯曲，在后端逐渐淡去。前胸背板 3 条横沟明显，将中隆线微微割断，后横沟位于背板中部。前胸腹板突呈圆柱状，端部较膨大，顶端钝圆。中胸腹板侧叶间中隔在中部略收缩。后胸腹板两侧叶在后端相接，中隔为长三角形。前翅黑褐色圆斑，狭长，顶端圆形，端部透明，超过后足股节端部。后翅透明，短于前翅。后足股节上侧中隆线有细齿；外侧常有 1 黑色纵条纹穿梭于羽状隆线间；外侧的黑色纵条纹间断或不明显，上侧和内侧具 2 个浅色的褐色横斑。胫节端半部红色，刺端部黑色。跗节常为红色，爪间中垫发达，长于 2 爪。雄性尾须侧观向内弯曲，中部收缩，两端膨大，似哑铃。雌性产卵瓣粗短，尖部钩状。上产卵瓣粗短，端部呈钩状。体长：雄性 22.5~29.0mm，雌性 32.5~41.5mm。体色褐色或黑褐色。蝗卵形态见下右图。

长夹蝗属 »

长夹蝗

Choroedocus capensis (Thunberg, 1815)

体型较大，匀称，雌性体型明显大于雄性。头大，短于前胸背板。头顶中隆线明显。颜面向后倾斜，侧隆线明显。在头顶和前胸背板中央有1条较宽的红褐色条纹，两侧为较窄的黄色或黄褐色条纹。触角黄褐色，丝状，细长，超过前胸背板后缘甚远。复眼长卵圆形。前胸背板前、后缘均呈圆弧形；中隆线明显，侧隆线在沟前区明显，在沟后区逐渐消失；3条横沟均明显，并都割断中隆线。前胸腹板突圆锥形，向后倾斜。中胸腹板侧叶雄性宽大于长，雌性则为正方形；中隔长大于宽。后胸腹板侧叶相互分开。前、后翅发达，长度超过后足股节顶端；前翅浅褐色，分布有黑色圆斑，后翅透明。后足股节褐色，膝侧片褐色。后足胫节黄褐色，胫节刺淡黄色，端部黑色。雄性肛上板较大，端部较窄，顶端圆形。尾须较长，明显超出下生殖板顶端，钝圆。下生殖板短锥形，稍微向上弯曲。雌性肛上板三角形。尾须扁锥形，较小。下生殖板后缘突出，呈三角形。产卵瓣外缘光滑，顶端钩状。体长：雄性36.5~40.8mm，雌性56.5~60.6mm。体色褐色或黄褐色。

异背蝗属 »

岸边异背蝗

Heteracris littoralis (Rambur, 1838)

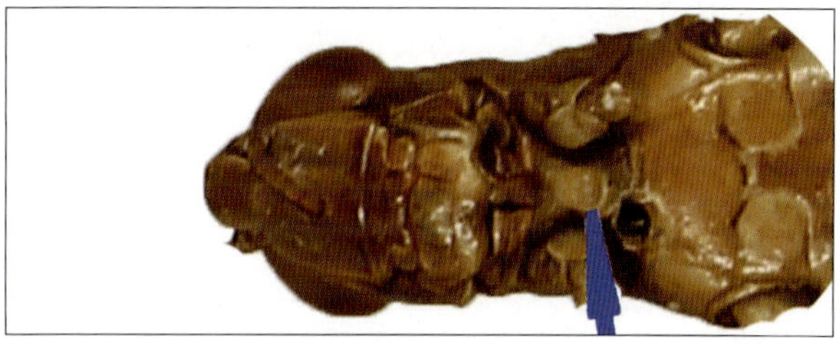

体型中等，雌性体型相对于雄性明显大而粗壮。头短于前胸板，头顶向后，沿前胸背板中央向后直达前翅基部有1条较宽褐色条纹，两侧为黄色条纹。触角丝状，雄性超过前胸背板的后缘，雌性则刚达到。前胸背板中隆线明显，侧隆线不明显；3条横沟均明显，均切断中隆线和侧隆线；雄性后横沟位于中部之后，雌性则前胸背板后沟位于中部，沟前区和沟后区等长；前缘平直，后缘略呈圆弧形。前胸腹板突圆柱形，向后倾斜。前、后翅发达，明显地超出后足股节的顶端，前翅端部圆弧形，颜色较浅，散布黑色斑块；后翅透明。后足股节匀称，黄褐色，上侧具2个暗斑，上基片长于下基片，上侧中隔线具微小的齿，下膝侧片端部圆形。后足胫节端部紫红色，上侧内缘具刺13个，外缘具刺14或更多个，缺外端刺。鼓膜器发达。肛上板三角形，顶端较尖。尾须扁宽，向下弯曲。生殖板短，顶端圆形。尾须短锥形，不侧扁。产卵瓣短粗，顶端略呈锥状。体长：雄性18.6~22.7mm，雌性29.5~34.3mm。体色褐黄色。

幽蝗属 »

长翅幽蝗

Ognevia longipennis (Shiraki, 1910)

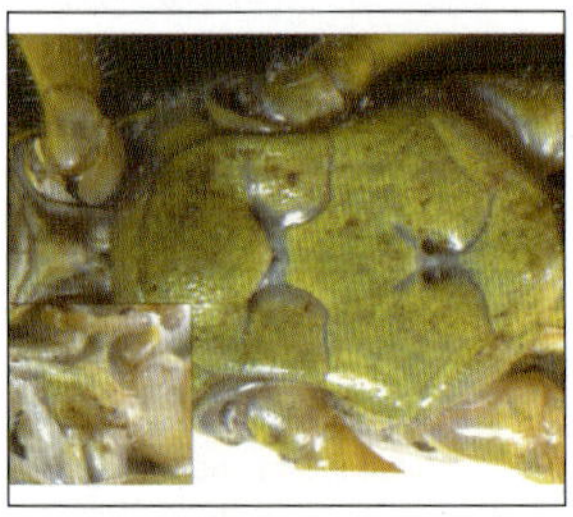

体型中等，较粗壮，雌性体型比雄性稍大。触角丝状细长，远超过前胸背板后缘。头部眼后到前胸背板两侧有黑色条纹。前胸背板圆筒形，雄性沟前区长度等于沟后区，雌性则相反。前胸腹板突为长锥形。前翅较长，远超过后足股节端部，呈均匀的棕色。后翅端颜色略暗。后足股节内缘和下缘黄色，外缘绿色；背缘棕色；上膝侧片及背面黑色，下膝侧片黄绿色；膝部外侧下膝片端部呈锐角形。雄性肛上板端处有的瘤突；尾须长圆锥形，明显向内弯曲。雌性下生殖板向后延长，其后缘圆形。体长：雄性20.2~26.1mm，雌性 24.5~34.3mm。体色橄榄棕色。

腹露蝗属 »

绿腿腹露蝗

Fruhstorferiola viridifemoratus (Caudell, 1921)

体型为中小型，雌性体型大于雄性。头短于前胸背板。从眼后到前胸背板，两侧各有 1 黑色条纹。触角丝状，细长，雄性超过前胸背板后缘，雌性较短，达到前胸背板中部。前胸背板圆柱形，前缘中央微凹，后缘中央具凹口，背面黄白色；中隆线在沟后区明显，无侧隆线。前胸腹板突圆锥形，顶端较尖锐。中胸腹板侧叶分开，中隔长为窄处的 4 倍。后胸腹板侧叶相连。前翅宽卵形，在背部不毗连，超过腹部第 1 节的后缘，臀区褐色，其余部分黑色。前、中足绿色。后足股节黄褐色或褐色，外侧基部上基片明显长于下基片，外侧下膝片端部向后延伸成锐刺。腹部末节背板后缘具圆形小尾片。肛上板宽短，侧缘突出，具中央纵沟。下生殖板短锥形，顶端较钝。后胸腹板侧叶分开。肛上板三角形，具中央纵沟，中部有横脊。雌性产卵瓣狭长，上产卵瓣之上外缘及下产卵瓣之下外缘均具细齿。下生殖板后缘中央略凹陷。体长：雄性 24.0~26.0mm，雌性 28.5~35.0mm。体色黄绿色。

卵翅蝗属 »

峨眉卵翅蝗

Caryanda omeiensis Chang, 1939

体型中小型，雌性体型大于雄性。头短于前胸背板。从眼后直到腹部末节，具黑色条纹。触角丝状，细长，超过前胸背板后缘，雌性触角较短，仅到达前胸背板的中部。前胸背板圆柱形，前缘中央微凹，后缘中央具凹口，背面黄白色；中隆线在沟后区明显，无侧隆线。前胸腹板突圆锥形，顶端较尖锐。中胸腹板侧叶分开，中隔长为最狭处的 4 倍。后胸腹板侧叶相连。前翅宽卵形，在背部不毗连，超过腹部第 1 节的后缘，臀域褐色，其余部分黑色。前、中足绿色。后足股节黄褐色或褐色，外侧基部上基片明显长于下基片，外侧下膝片端部向后延伸成锐刺。腹部末节背板后缘具圆形小尾片。雄性肛上板宽短，侧缘突出，具中央纵沟；下生殖板短锥形，顶端较钝；尾须长锥形，超过肛上板末端。雌性肛上板三角形，具中央纵沟，中部有横脊；产卵瓣狭长，上产卵瓣上外缘及下产卵瓣下外缘均具细齿。下生殖板后缘中央略凹陷。体长：雄性 24.0~26.0mm，雌性 28.5~35.0mm。体色黄绿色。

宽顶卵翅蝗

Caryanda plativertica Yin, 1980

体型中小型，雌性体型大于雄性。本种头顶特宽，故名为宽顶卵翅蝗。头短于前胸背板，复眼大而突出，卵圆形。具宽的黑色眼后带延伸到腹部末节。触角丝状，细长，超过前胸背板后缘；雌性触角较短，仅到达前胸背板的中部。前胸腹板突圆锥形，顶端尖锐。前胸背板后缘中央具凹口。前翅宽狭窄，略超过腹部第1节的后缘，全为褐色。后足股节黄绿色，膝部黑色，外侧基部上基片明显长于下基片， 外侧下膝片端部向后延伸成锐刺。后足胫节蓝绿色。跗节爪间中垫大，超过爪之顶端。尾须锥状，直，略不到达肛上板的端部。腹部末节背板后缘具小尾片。鼓膜器发达，鼓膜孔近卵圆形。腹部末节背板后缘具小尾片。肛上板近乎半圆形，基部中央具纵沟。尾须锥形，较直，超过肛上板的顶端。雄性下生殖板钝锥形。雌性产卵瓣较狭长，上产卵瓣之上外缘及下产卵瓣之下外缘均具细齿；下生殖板后缘中央略凹陷。体长：雄性20.9~22.0mm，雌性22.5~27.6mm。体色黄绿色。

小卵翅蝗

Caryanda elegans Bolivar, 1918

体型属中小型。头短于前胸背板。复眼卵圆形，大而突出，眼距窄。黑色眼后带直延至第 9 腹节；复眼下方有 1 条黑纹延伸至颊后角，雌性中颊部黑纹较细，只达到一半。触角丝状，雄性超过前胸背板后缘，雌性触角较短，不到达前胸背板后缘。前胸背板圆柱形，前缘平直，中央微凹，后缘圆弧形，中央具小三角形凹口；中隆线仅在沟后区可见，无侧隆线；侧片中部淡黄色，下缘黑色。前胸腹板突圆锥形，顶端较尖。中胸腹板侧叶宽大于长，中隔的长度为最狭处的 2.5 倍。前翅鳞片状，宽短，到达或略超过第 1 腹节背板的后缘，翅顶端圆形；臀域前黑色，臀域黄绿色。后足股节黄绿色，近端部淡红色，膝前具淡黄色环纹；上侧之中隆线平滑，在端部成刺状；下膝侧片的下缘极突出，顶端成刺状。后足胫节红色，基部黑色，近基部具淡黄色环；上侧外缘具刺 9 个，内缘具刺 10 个，具外端刺。后足跗节爪间中垫较大，超过爪之顶端。肛上板较宽，顶端突出呈三角形。尾须顶端较尖细，超过肛上板的顶端。雌性上产卵瓣较粗，下产卵瓣略细，外缘均具细齿。体长：雄性 17.0~18.0mm，雌性 23.0~25.0mm。体色淡黄绿色。

舟形蝗属 »

中华舟形蝗

Lemba sinensis (Chang, 1939)

体型中等，雌性体型较雄性粗大。头短于前胸背板。复眼卵圆形，大而突出。1条黑色纵纹自复眼后沿前胸背板侧面直至前翅。触角丝状，到达前胸背板的后缘；雌性触角较短，不达到前胸背板后缘。前胸背板圆柱形，前缘平直，后缘略呈弧形；中隆线较低，无侧隆线，3条横沟全部切割中隆线；前横沟与中横沟略微弯曲，后横沟则较为平直，位于前胸背板中部之后。前胸腹板突略微向后弯曲，圆锥形，基部侧扁。前翅较短，仅到达腹部第2节背板后缘；下半部具有一黑色纹。后足股节匀称，上侧中隆线光滑，其末端有短小刺状突；下膝侧片顶端刺状；上膝侧片上缘具黑色纹。后足胫节污蓝色，具内、外端刺。爪间中垫大，长超过爪之顶端。肛上板盾形。尾须锥形，顶端细，超过肛上板，雌性尾须较粗短，不到达肛上板顶端。雄性下生殖板延伸成叉状，雌性后缘弧形，缺齿突；上、下产卵瓣外缘具齿。体长：雄性20.0~22.0mm，雌性27.4~28.0mm。体色黄褐色。

大头蝗属

四斑大头蝗

Oxyrrhepes quadripunctata Willemse, 1939

体型较大，细长，雌性体型明显大于雄性。头大，短于前胸背板。触角丝状，黄褐色，近端部稍暗，细长，超过前胸背板后缘甚远。前胸背板黄褐色，背面具4个明显的黑斑点。前胸腹板突圆锥形，明显地侧扁，端部较圆，明显地向后倾斜。中胸腹板侧叶的内缘全长或部分毗连。前、后翅发达，远远超过腹端；前翅褐色，有褐色斑点；后翅透明，长度为宽度的3倍。后足股节黄褐色，沿隆线或在外缘上有一些暗色斑点；外侧基部上基片明显长于下基片。雄性肛上板呈宽盾形，端部较尖，从基部到近端部具1凹沟；雌性肛上板长椭圆形，基部稍小，端部稍宽，具中纵沟。尾须刚到达或者略超过肛上板。雌性产卵瓣细长，上产卵瓣上外缘光滑。体长：雄性34.5~35.0mm，雌性45.3~47.3mm。体色褐色或黄褐色，身体上分布有小黑点。

无齿蝗属 »

突额无齿蝗

Rhinopodisma eminifrontus Huang, 1981

体型中等。头短于前胸背板，颜面具明显额突。复眼卵圆形。触角褐色，细长，超过前胸背板的后缘。黑色条纹贯穿整个身体侧面，自复眼后起，经过前胸背板侧片，及中后胸侧片，至腹部第 1 节到第 4 节逐渐变窄。前胸背板中隆线不明显，被 3 条横沟较深地割断。前胸腹板突圆锥形，顶端略尖。该种类无翅。后足股节匀称，外侧黄褐色；上侧中隆线无细齿。后足跗节爪间中垫与爪等长。鼓膜器发达。肛上板三角形，尾须长，达到肛上板后缘。下生殖板短圆锥形。雌性产卵瓣细长，上产卵瓣外缘有钝齿。体长：雄性 20.5~21.8mm，雌性 23.8~24.8mm。体色橄榄绿色。

阿萨姆蝗属 »

长须阿萨姆蝗

Assamacris longicerca (Huang, 1981)

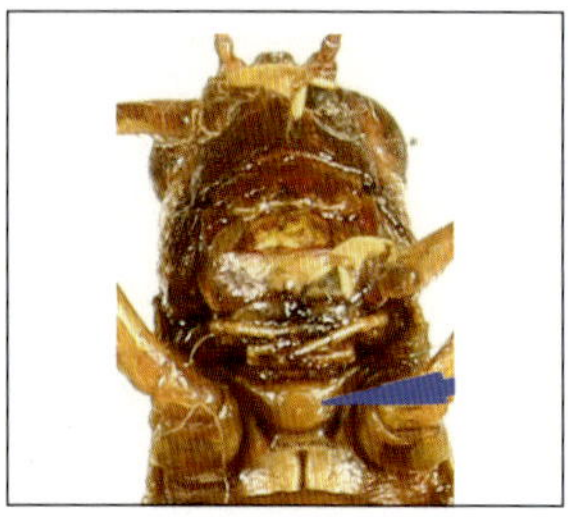

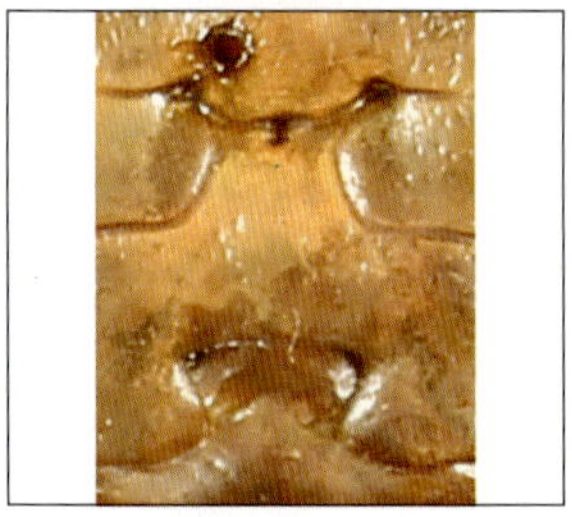

体型中等，雌性体型比雄性大，并且粗壮。头部较短。复眼长卵圆形，纵、横比为 1.4。触角丝状细长，超过后足股节的基部；雌性触角较短，刚到达后足股节的基部。黑色条纹自复眼后方开始，延伸至前胸背板两侧；后头黑色条纹沿前胸背板背面，延伸至翅。前胸背板具皱纹；中隆线不明显，被 3 条横沟割断，横沟位于中部之后，沟前区长度为沟后区 1.5 倍。前后翅较小，前翅长卵形，不到达腹部第 2 节背板的后缘；后翅稍短于前翅。后足股节细长，上侧中隆线具齿，端部具 2 小刺；颜色黄色，顶端 1/3 处具黑色横斑，基部具黑色短横斑。后足胫节黄色，基部 1/3 处具黑色横斑纹。跗节爪间中垫大，近达爪之端部。尾须黑色，超过下生殖板的顶端，端部分成 2 支，上支短，下支颇长，超过肛上板的顶端；雌性不分叉。雌性产卵瓣细长，顶端略呈钩状，边缘无细齿。体长：雄性 25.3~28.8mm，雌性 31.9~40.3mm。体色多黄色。

凸额蝗属

罗浮山凸额蝗

Traulia lofaoshanas Tinkham, 1940

体型较小。头大，短于前胸背板。头顶较倾斜，颜面隆起在触角之间颇向前突出。触角丝状，平扁，到达前胸背板的后缘；顶端为红褐色，其余部分为黑褐色。前胸背板前缘中央具三角形凹口，后缘为钝角弧形，中隆线较隆起，3 条横沟明显地深割中隆线；缺侧隆线；沟前区较长。该种类特点是前胸背板在沟前区的前部分和沟后区具四角形暗斑。前胸腹板突圆锥形，顶端较钝。前、后翅为鳞翅，长超过腹部第 1 节后缘。后足股节粗壮；外侧具 1 条黄色条纹，斜行穿过基部，下隆线中部具 1 个小黄色斑纹。尾须侧扁，长度超过肛上板长度，雌性在长度不到肛上板顶端。雄性肛上板长盾形，顶端钝；雌性肛上板为三角形，顶端略圆。雌性产卵瓣顶端钩形。体长：雄性 19.5~21.0mm，雌性 31.0mm。体色黑褐色。

四川凸额蝗

Traulia szetschuanensis Ramme, 1941

体型较大，雌性体较雄性大，体表具粗刻点。头大，短于前胸背板。头顶向前倾斜，颜面隆起在触角之间颇向前突出。触角丝状，23 节，超过前胸背板后缘。触角和复眼为褐色；头顶在沟前区之前部分和沟后区各具长四角形乌绒暗斑。前胸背板前缘较平，后缘中央呈钝角形向后凸出；中隆线较隆起，3 条横沟较深地切断中隆线。前胸腹板突圆锥形，顶端较钝。前翅长，伸达腹部第 6 节，超过后足股节中部。后翅与前翅等长，前翅具 1 条浅褐色带。后足股节基部外侧具 1 块斜的黄色斑纹，外侧下隆线中部具 1 个小的黄斑；上隆中线具齿，下膝侧片圆弧形。后足股节基部为黑色，黑色部分内有黄色环，胫节顶端一半为橘红色。尾须扁，顶端圆弧形，其长超过肛上板顶端；雌性尾须圆锥形，顶端略锐，短于肛上板。雌性上、下产卵瓣较粗壮，顶端略具钩，边缘缺齿。体长：雄性 26.0~32.0mm，雌性 36.0~43.0mm。体色褐色或浅褐色。

蔗蝗属 »

斑角蔗蝗

Hieroglyphus annulicornis (Shiraki, 1910)

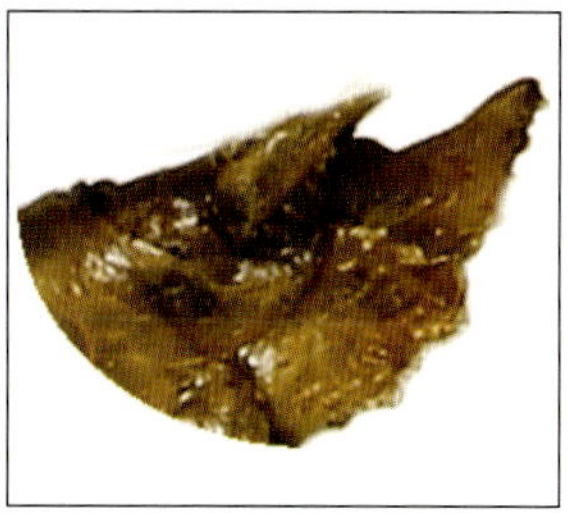

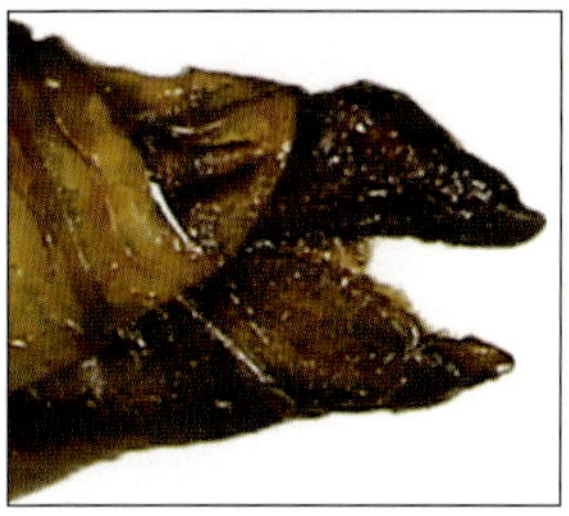

体型较大，雌性体型较雄性的大。头部较大而短。复眼橘红色。触角丝状，细长，通常到达后足股节的基部，各节具狭的淡色环。前胸背板前缘中央部分略向前突出，后缘呈弧形向后突出。中隆线很低，缺侧隆线，3条横沟明显均切断中隆线。前胸腹板突圆锥形，顶端尖锐略向后倾斜。前、后翅均发达、超过后足股节的顶端，前翅顶端圆形。后足股节外侧上膝侧片基部具2个黑色小斑，内侧上膝侧片基部具1个较大的黑色斑点；后足胫节基部具明显黑色环纹，顶端黑色。肛上板三角形，末端延长，较尖锐。尾须锥形，细长且顶端向下弯曲。雌性上产卵瓣略长于下产卵瓣，其内、外缘均光滑无齿。体长：雄性33.0~45.5mm，雌性46.1~65.0mm。体色淡绿色或黄绿色。

印秃蝗属 »

金印秃蝗

Indopodisma kingdoni (Uvarov, 1927)

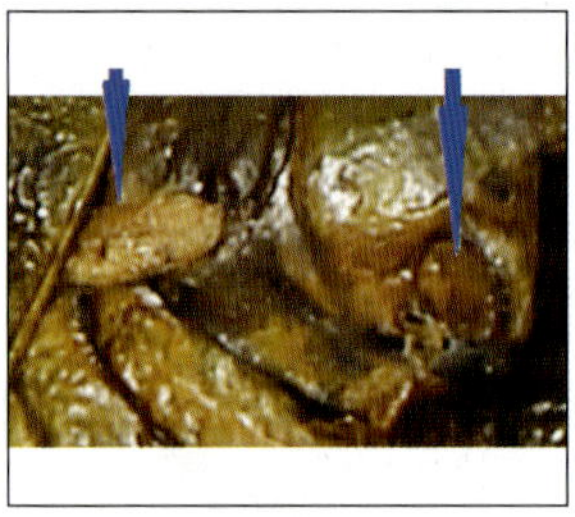

体型中等，雌性体型比雄性略大。复眼和触角黄褐色。触角丝状，顶端明显超出前胸背板的后缘；雌性触角较短，仅略超出前胸背板的后缘。前胸背板长圆形，前缘中央平直，后缘中央略凹；中隆线几乎消失；侧隆线缺；3 条横沟明显。前胸腹板突圆锥形，顶端略尖。前翅很小，其顶端可达后胸背板的中部。后足股节暗褐色，内侧和底侧红色，上侧和外侧具 2 个黑色斑纹，顶端黑色；上基片长于下基片，上侧中隆线平滑，下侧膝片顶端圆形。鼓膜器发达。雌性上、下产卵瓣细长，端部尖细，略呈钩状。体长：雄性 18.7~19.9mm，雌性 22.2~24.7mm。体色橄榄色。

秃蝗属 »

红股秃蝗

Podisma pedestris pedestris (Linnaeus, 1758)

体型中等，雌性比雄性体型大。复眼小，近椭圆形；复眼的后方及前胸背板两侧暗褐色条纹，延伸至沟前区。触角丝状，超过或刚到达前胸背板的后缘；雌性触角长度不到达前胸背板的后缘。前胸背板后缘近角弧形；中隆线低，被 3 条横沟割断。前胸腹板突圆锥状，顶端尖锐；前翅很小，几乎到达腹部第 2 节背板前缘；雌性前翅则刚超过腹部第 1 节背板的后缘，长约为宽的 1.3 倍。后足股节内侧红色，胫节污蓝色。雄性腹部两侧具暗色条纹，雌性则不明显。鼓膜器发达。肛上板短梯形，近顶端两侧具有短突起，后缘中央为锐角形突出。尾须圆锥形，不到达肛上板的顶端。下生殖板呈钝锥状。雌性下产卵瓣下外缘的基部具明显的齿。体长：雄性 15.0~22.0mm，雌性 18.5~30.5mm。体色黄褐色。

蹦蝗属 »

比氏蹦蝗

Sinopodisma pieli (Chang, 1940)

体型较小。头短于前胸背板。头顶宽短，向前倾斜。触角丝状，细长，超过前胸背板后缘。眼后带黑褐色，一直延至腹部末端。前胸背板沿中隆线具黑色纵纹；形状圆柱状，前缘近平直，后缘中央有凹口，三角形；中隆线明显，缺侧隆线；沟前区平滑，沟后区具较密刻点。前胸腹板突圆锥形，顶端钝圆。前翅黑褐色，较窄，超过第1腹节后缘。前足、中足为绿色；后足股节绿色，膝部为黑色。后足胫节污蓝色，基部黑色。鼓膜器发达，鼓膜孔圆形。尾须侧扁，基部较宽，中部略狭，向内弯曲，顶端圆形。雌性产卵瓣狭长，上产卵瓣之上外缘具细齿。下生殖板后缘中央三角形突出。体长：雄性16.0~21.0mm，雌性25.0~32.0mm。体色黄绿色或黄褐色。

梵净山蹦蝗

Sinopodisma fanjingshanensis Yin, Zhi & Yin, 2015

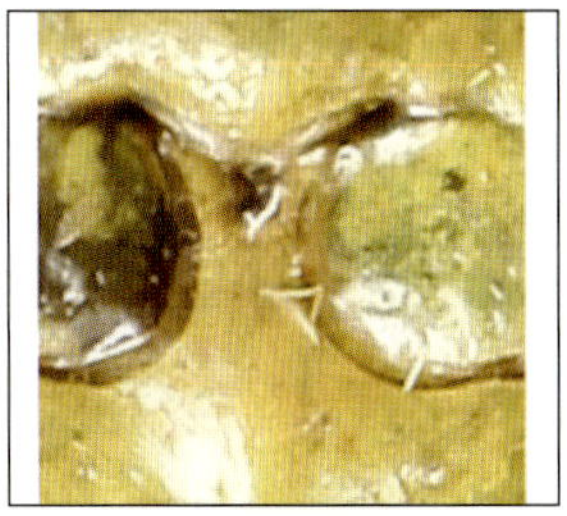

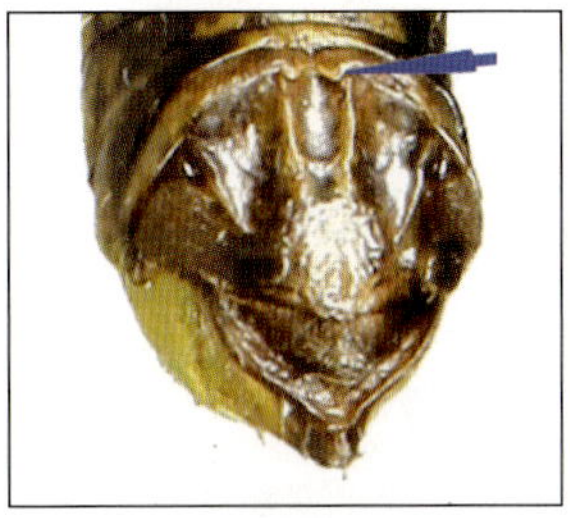

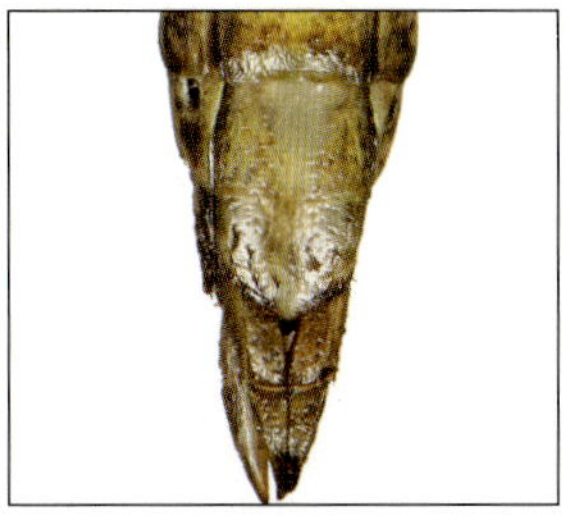

体型中等，雌性体型甚粗壮。触角黄褐色，丝状，22节。复眼球状，黑色眼后带较直，向后延伸到前胸背板和腹部。前胸背板黄褐色，沿中隆线具黑色纵纹；形状圆柱形，前缘中央微凹，中隆线在沟后区明显，被3条横沟明显割断，侧隆线缺，沟前区长为沟后区长的2.0倍，后缘中央微凹。前胸腹板突锥形，顶端圆。中胸腹板中隔的长为最小宽度的2.5倍，后胸腹板侧叶分开。前翅黑色，较长，超过第1腹节背板的后缘；雌性前翅短，不到达第1腹节背板的后缘，长为宽的3.6倍。后足股节褐色，内侧绿色，端部黑色；上隆线平滑，下膝片端部圆形。鼓膜器明显，大而圆。腹部黄褐色，两侧具暗色宽纵条纹；末节背板具中纵沟，尾片小。尾须几乎到达肛上板端部，端部圆，向内弯曲。下生殖板褐色，短锥形，顶端尖。尾须短锥形，不到达肛上板端部。下生殖板长，后缘中央呈尖形突出。雌性产卵瓣基部不粗壮，端部尖，外缘具小齿。体长：雄性18.5~19.8mm，雌性24.6~26.9mm。体色褐色。

湖南蹦蝗

Sinopodisma hunanensis Yin, Yang & Zhi, 2015

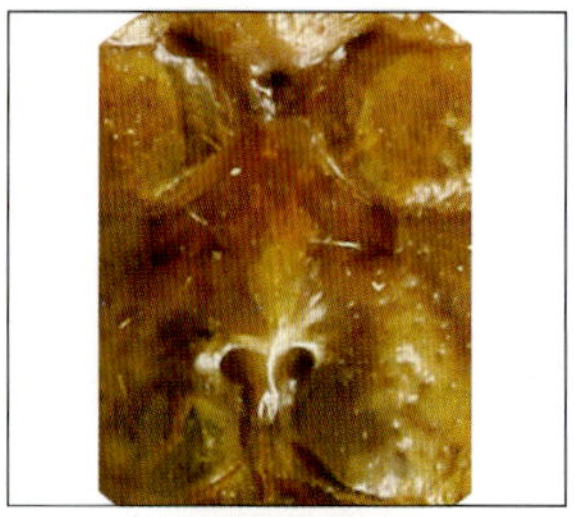

体型中等。触角黄褐色，丝状，22 节。复眼球状，垂直的直径为水平直径的 1.7 倍，为眼下沟长的 1.8 倍。黑色眼后带向后延伸到前胸背板和腹部。前胸背板黄褐色，沿中隆线具黑色纵纹；形状圆柱形，前缘中央微凹，中隆线在沟后区明显，被 3 条横沟割断，侧隆线缺，沟前区长为沟后区长的 2.3 倍，后缘中央深凹。前胸腹板突锥形，顶端圆。中胸腹板中隔的长为最小宽度的 2.0 倍，后胸腹板侧叶分开。前翅长，超过第 1 腹节背板的后缘，长为宽的 3.2 倍。后足股节黄褐色，端部黑色；上隆线平滑，下膝片端部圆形。后足胫节绿色，基部黑色；内、外侧各具刺 11 个，外端刺缺。鼓膜器明显，大而圆。腹部黄褐色，两侧具暗色宽纵条纹；腹部末节背板具中纵沟，尾片明显。尾须扁，几乎到达肛上板端部，端部向内弯曲。下生殖板黄褐色，短锥形，顶端不尖。雌性体型甚粗壮。前胸背板沟前区长为沟后区的 2.2 倍。前翅短，到达第 1 腹节背板的后缘。尾须短锥形，不到达肛上板端部。产卵瓣基部粗壮，端部钩形，外缘具小齿。体长：雄性 20.9~22.6mm，雌性 27.7~28.8mm。体色褐色。

夏氏蹦蝗

Sinopodisma xiai Yin, Zhi & Yin, 2015

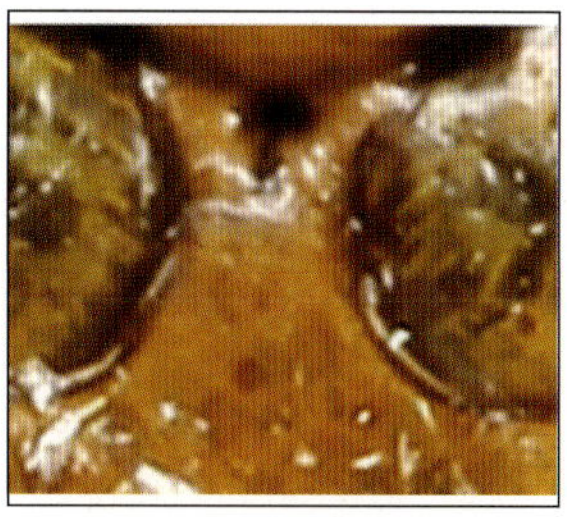

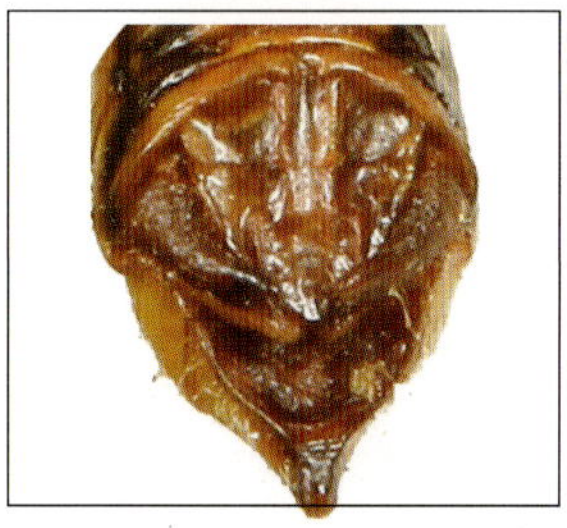

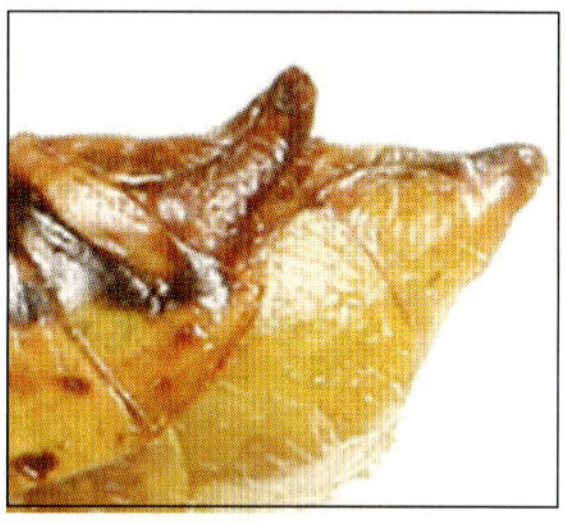

体型中等。头大而短，短于前胸背板。颜面侧观略倾斜。触角黄褐色，丝状，22 节。复眼球状。黑色眼后带相对较直，向后延伸到前胸背板和腹部。前胸背板圆柱形，前缘中央微凹，中隆线明显，被 3 条横沟明显割断，侧隆线缺，沟前区长为沟后区长的 2.0 倍，后缘中央深凹；前胸背板黄褐色，沿中隆线具黑色纵纹。前胸腹板突锥形，顶端圆。中胸腹板中隔的长为最小宽度的 1.8 倍，后胸腹板侧叶分开。前翅短，不到达第 1 腹节背板的后缘。后足股节上隆线平滑，下膝片端部圆形。雄性后足股节黄褐色，端部黑色，雌性部分绿色。后足胫节蓝色，基部黑色，内、外侧各具刺 9 个，外端刺缺。鼓膜器明显，大而圆。腹部黄褐色，两侧具暗色宽纵条纹。尾须扁，到达肛上板端部，基部很宽，端部圆，向内弯曲。下生殖板褐色，短锥形，顶端尖。雌性体型甚粗壮。前胸背板沟前区长为沟后区的 1.9 倍。前翅短，不到达第 1 腹节背板的后缘。尾须短锥形，不到达肛上板端部。产卵瓣基部粗壮，端部尖；外缘具小齿。体长：雄性 18.8~21.8mm，雌性 26.0~28.7mm。体色褐色。

秦岭蝗属 »

秦岭蝗

Qinlingacris taibaiensis Yin & Chou, 1979

体型中等偏小。颜面隆起显著，侧缘隆线明显，中央凹陷，眼后至前胸背板两侧有黑色纵带。触角丝状，其顶端略超出前胸背板的后缘。前胸背板较长，沟前区明显缩狭，3 条横沟明显；沟前区比较平坦，沟后区满布点刻；侧隆线微露，全长不完整；中隆线在沟前区较低，不明显，在沟后区较高而明显；后缘中央具明显的凹口。前胸腹板突圆锥形，顶端较钝。无翅。中胸板中隔较宽，其最小宽度大于长度。后足股节、胫节和跗节黄褐色。后足跗节爪间中垫较大，超过爪的长度，两爪弯曲。雌性体型比雄性大而粗壮。生殖板后缘具尖形突起。产卵瓣短，上产卵和下产卵瓣外缘中部具齿，近端部处凹陷。体长：雄性 15.0~16.8mm，雌性 20.1~23.9mm。体色棕褐色。

金蝗属 »

汉金蝗

Kingdonella hauburyi Uvarov, 1939

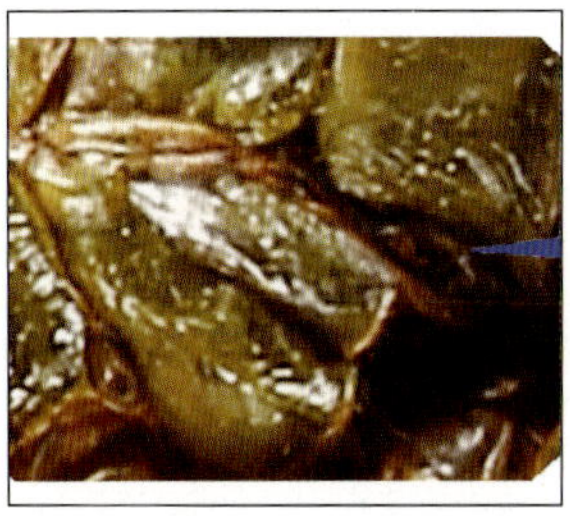

体型为中小型，雌性体型大而粗壮。头部上方具2条淡黄色侧带纹，复眼之后具2条暗色宽带纹。颜面隆起呈沟状，触角之间略宽大。触角丝状，略超出前胸背板的后缘；雌性触角较短，略不到达前胸背板的后缘。前胸背板前缘和后缘中央凹陷；中隆线在前部呈细线状，后缘处较弱。侧隆线黄绿色，粗，在第1横沟前近乎平行。横沟明显，均切断中隆线和侧隆线。前胸腹板为圆锥形，顶端略尖。完全无翅。后足股节匀称，上方具2个暗色斑纹，内侧和底侧黑色，具1红色斑；上基片长于下基片，上侧中隆线光滑。后足胫节蓝黑色，顶端红色；内、外侧各具刺9个，缺外端刺。跗节爪间中垫大，宽圆形，几乎到达爪的端部。雄性缺鼓膜器。雄性肛上板三角形，雌性则较短。雌性产卵瓣较细长，端部略尖。体长：雄性18.4~21.7mm，雌性25.3~29.0mm。体色暗橄榄色。

5. 斑翅蝗科
Oedipodidae

斑翅蝗科，触角丝状。前、后翅发达，中脉域通常具有明显的中闰脉，其上具发音齿；后翅通常有明显的彩色斑纹。后足股节外侧上、下侧隆线间具羽状平行隆线。

车蝗属

云斑车蝗

Gastrimargus marmoratus (Thunberg, 1815)

体型较大，雌性体型大于雄性，且粗壮。头部较大，短于前胸背板。复眼之后有窄淡色条纹，前下方具一黑斑。触角丝状，细长，超过前胸背板后缘。前胸背板中隆线较高地隆起，侧面观呈屋脊状，仅被后横沟微微切断，不形成凹形切口；中隆线褐色，侧片具有黄褐色及黑色斑块。前胸背板前缘角形突出，后缘锐角形突出。中胸腹板侧叶中隔在雄性中宽略大于长，雌性中则宽等于长；后胸腹板侧叶分开较宽。前翅发达，超过后足胫节末端；具暗色云状斑纹，基部具淡色横纹；中脉域具有明显的中闰脉，其上具发音齿；中闰脉前方具有较多的平行横脉。后翅基部鲜黄色，端部透明，有时具有暗色斑点；中部具暗色横带。后足股节上侧中隆线具有明显的细齿，沿内、外侧上、下隆线均具黑色小点。后足胫节鲜红色。鼓膜器发达，鼓膜片小，覆盖鼓膜孔不及 1/3。雄性尾须长柱状，长度超过肛上板顶端。下生殖板短锥形。雌性产卵瓣粗短，腹基瓣片具粗糙凸起。体长：雄性 28.0~30.0mm，雌性 44.0~45.0mm。体色有绿色、枯草色、黄褐色或暗褐色，身体分布云状纹。蝗卵形态见右下图。

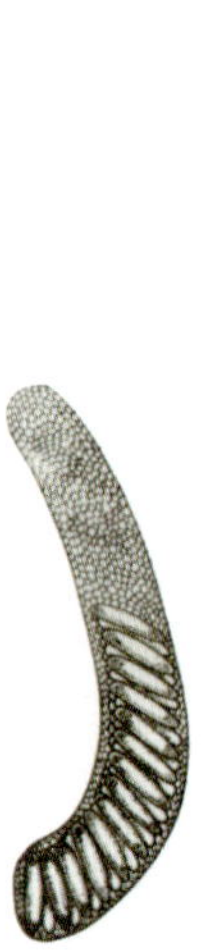

非洲车蝗

Gastrimargus africanus Saussure, 1888

体型较大。头大，短于前胸背板，无头侧窝。触角丝状，超过前胸背板后缘。前胸背板侧面观呈弧形，其上缘黑褐色；中部具1条淡色斑纹，前下角具黑色斑。前胸背板前缘呈锐角形，后缘雄性呈锐角，雌性呈直角。前胸背板中隆线呈片状隆起。后胸腹板两侧叶分开。前翅中闰脉发达，脉上具发达的音齿。前翅后缘有时呈绿色，其余部分淡色，密布黑褐色斑纹，近基部和近中部处各有1个大的淡色斑纹。后翅基部鲜黄色，中部具暗色横带纹。后足股节内侧黑色，顶端暗褐色，底侧蓝色；胫节红色，基部具1条淡色纹。雄下生殖板短锥形。体长：雄性25.7~28mm，雌性36.5~42mm。体色绿色或暗褐色。

非洲车蝗和云斑车蝗形态较接近，区别为：前者后足股节内侧至少在基部之半呈蓝黑色，而后者后足股节内侧为污黄色。

黑股车蝗

Gastrimargus nubilus Uvarov, 1925

体型中等，雌性个体比雄性大而粗壮。头较大，但短于前胸背板，无头侧窝。触角丝状，超过前胸背板的后缘。前胸背板通常为黑色，具较浅且模糊的“×”形纹，侧片上缘常具浅色条纹；中隆线隆起，呈弧形，仅被后横沟稍切断，或不切断；其前缘略突出，后缘呈锐角形突出；侧隆线消失。前翅后部边缘绿色，其余部分为黑褐色，接近中部处有 1 条淡色斑块儿；前翅发达，雄性长度超出后足股节的顶端，雌性稍短，稍超出股节末端；中闰脉发达，全长接近中脉，具发音齿。后翅稍短于前翅；基部鲜黄色，中部具暗褐色宽横带纹，围在黄色区域外围，顶端颜色稍暗，前部与暗色带纹相连。后足股节较粗壮，顶端暗色、基部暗色，底侧为黑色；上侧中隆线具细齿。后足胫节内侧有 12~13 个刺，外侧有 11~12 个刺，但没有外端刺。后足跗节爪间中垫到达爪之中部。下生殖板短锥形。雌性体较大而粗壮。前胸背板后缘近乎直角形。产卵瓣粗短，边缘光滑。体长：雄性 19~24mm，雌性 28~38mm。体色暗褐色，混有绿色。

飞蝗属 »

飞蝗

Locusta migratoria Linnaeus, 1758

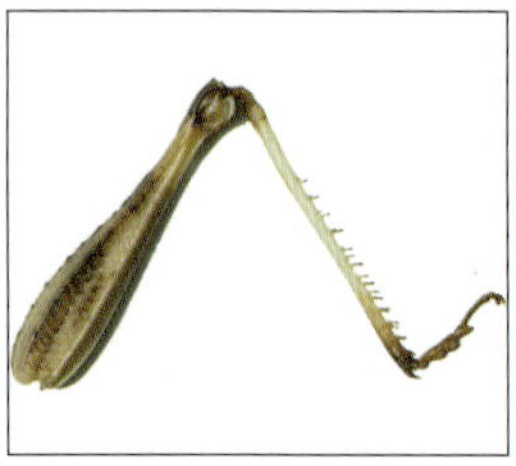

飞蝗体型较大。触角丝状，略超过前胸背板后缘。头顶中央凹陷。复眼长卵形，眼下沟和颜面侧隆线之间为暗色。前胸背板前缘钝角凸出，后缘近直角；中隆线全长明显，在中前部被后横沟割断。颜面略向后倾斜，与头顶近似呈直角。前胸背板中隆线隆起较高。群居型前胸背板在沟前区明显缩狭，中隆线平直或中部略低凹，两侧具有明显的丝绒状黑色纵条纹；散居型在沟前区缩狭不明显，中隆线隆起较高，侧面观呈弧形，两侧无明显的黑色纵条纹。前胸腹板平坦，中胸腹板中隔长略大于宽。前翅发达，远远地超过后足股节端部；中脉域的中闰脉明显，靠近前肘脉，上面生有明显的发音齿，附近生有许多平行排列的小横脉。后翅基部淡黄色。股节上侧中隆线有明显的锯状齿，缺外端刺。跗节爪间中垫略不达到爪之中部。雄性肛上板三角形，腹部第 10 节背板后缘呈钝角形凹陷，下生殖板短锥形，尾须长锥形。雌性肛上板三角形，腹部第 10 节背板后缘呈梯形凹陷，产卵瓣粗短，顶端略弯曲，上产卵瓣外缘光滑无齿。体长：雄性 32.4~48.1mm，雌性 38.6~52.8mm。体色有群居型和散居型之别，群居型多为黑褐色、黄褐色，散居型多为绿色，也有褐色；群居型前胸背板两侧具有明显丝绒状褐色纵条纹，散居型无明显黑色纵条纹。

异痂蝗属 »

轮纹异痂蝗

Bryodemella tuberculatum dilutum (Stoll, 1813)

体型较大。头顶复眼之间略宽，头侧窝近圆形。触角丝状，达到前胸背板后缘。中隆线明显，被后横沟较深地割断；沟前区两侧较窄，沟后区较宽阔。前翅较远地超过后足股节端部，中国脉较细弱。后翅基部玫瑰色，中部烟色横纹，端部透明；部分纵脉膨大加粗。横带在接近后翅前缘的部分较粗大，随后逐渐变细。后足股节上侧 3 个黑色斑纹，内侧黑色，端部为黄色斑纹；外侧上隆线在端半部具发音齿；下膝侧片下缘近平直。雄性下生殖板圆锥形。雌性产卵瓣粗短，顶端较尖，端部呈钩状，外缘光滑无齿。体长：雄性 24.8~30.1mm，雌性 36.2~38.0mm。体色暗褐色，散布黑、白斑点。

痂蝗属 »

白边痂蝗

Bryodema luctuosum luctuosum (Stoll, 1813)

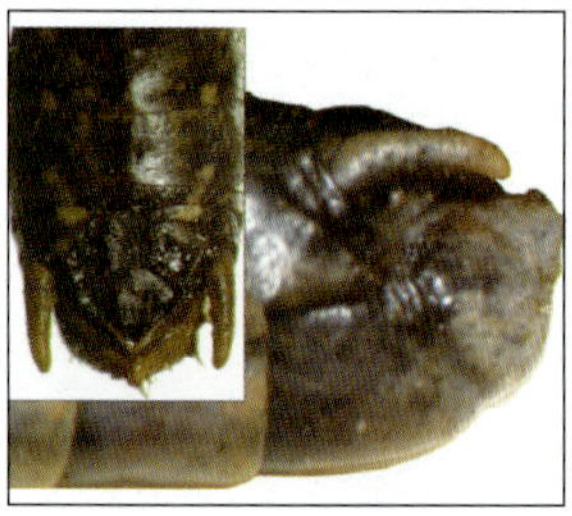

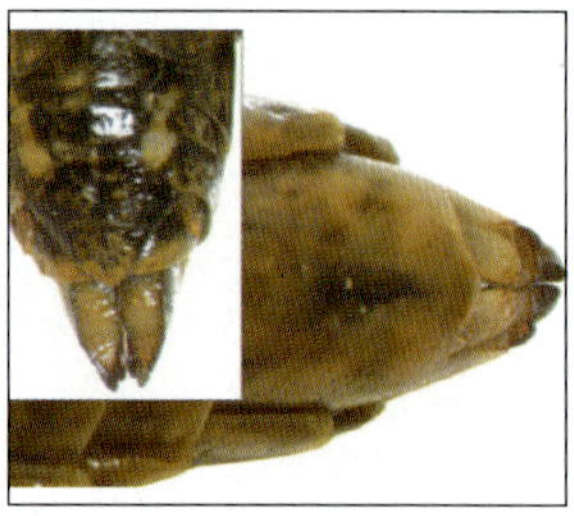

雌、雄异型，雄性匀称狭长，雌性粗短。头顶宽短；后头暗蓝色。前胸背板沟前区较窄，沟后区宽平，具有明显的颗粒状隆起和短隆线；中隆线低，线状，在横沟之间常消失，在沟后区较明显；侧隆线在沟前区消失，在沟后区明显。中胸腹板侧叶间中隔较宽。雄性前翅较远地超过后足股节端部，雌性前翅缩短不到达后足股节顶端。前翅具暗色斑点。后翅宽大，略短于前翅，基部暗黑色，沿外缘淡白色。后足股节外侧具 3 个横斑，内侧及下侧黑色。后足胫节内侧和上侧暗蓝色或蓝紫色，基部膨大部分平滑，无细隆线。雄性肛上板三角形，尾须圆柱状；下生殖板短锥形，顶端略钝。雌性产卵瓣粗短，顶端钩状。体长：雄性 26~32mm，雌性 25~38mm。体色通常暗灰色、灰褐色、绿褐色、红褐色和灰蓝色，具有细小的暗色斑点。蝗卵形态见下右图。

斋桑痂蝗

Bryodema zaisanicum fallax B.-Bienko, 1930

体型中等，雄性细长，雌性则较粗壮。触角丝状，超过前胸背板后缘。前胸背板中隆线及横沟明显；沟后区较宽，具瘤突。雄性前翅发达，前翅基部暗色，在中部具不完整横带，在顶半部具明显的暗斑；雌性前翅不具基部暗带，具均匀分布的点。前翅中脉域具明显的中闰脉。后翅三角形，基部玫瑰红色，具较宽的暗色横带纹；主要纵脉明显加粗。后足股节内侧、下侧红色，具白色膝前环；上侧中隆线全长平滑。后足胫节橙色；上侧内缘刺较少，仅具 9~11 个刺；基部上侧膨大处平滑或具稀少刻点。体长：雄性体型狭长，25~30mm；雌性体型粗壮，32~33mm。体色淡灰褐色。

青海痂蝗

Bryodema miramae miramae B.-Bienko, 1930

体型中等，雌、雄异型。雄性较雌性小。头短小，头顶宽短，具有明显三角形头侧窝。雄性触角丝状，细长，超过前胸背板后缘；雌性触角较粗，刚到达或不到达前胸背板后缘。复眼卵圆形或近圆形。前胸背板沟前区较窄，沟后区则较为宽平，背板上有明显的颗粒状突起；中隆线明显，侧隆线在沟后区可见。雄性前翅发达，超过后足胫节顶端，具细碎暗色斑点；中脉域具闰脉。后翅宽大，基部红色，其余部分暗黑色，二者之间分界明显。雌性前翅缩短，达到腹部第 6 节；后翅小，三角形，长度超过前翅一半，后翅基部略淡红，中部暗黑，边缘色淡。后足股节上匀称，上侧具 3 个黑斑，内侧及下侧红色，具淡色膝前环，内膝侧片黑色；上侧中隆线平滑，下膝侧片顶端圆形。后足胫节外侧黄色，内侧红色，基部黑色。雄性尾须圆柱形，超过肛上板的顶端；雌性尾须短锥形。下生殖板短锥形。体长：雄性 28~32mm，雌性 30~37mm。体色黄褐色、红褐色或暗绿色。

皱膝蝗属 »

红翅皱膝蝗

Angaracris rhodopa (Fischer-Waldheim, 1846)

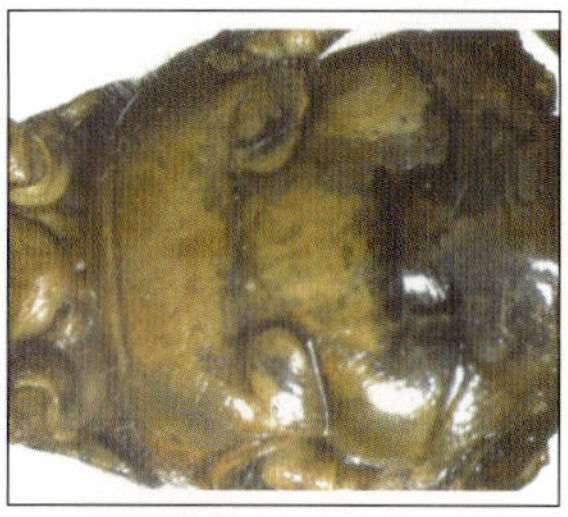

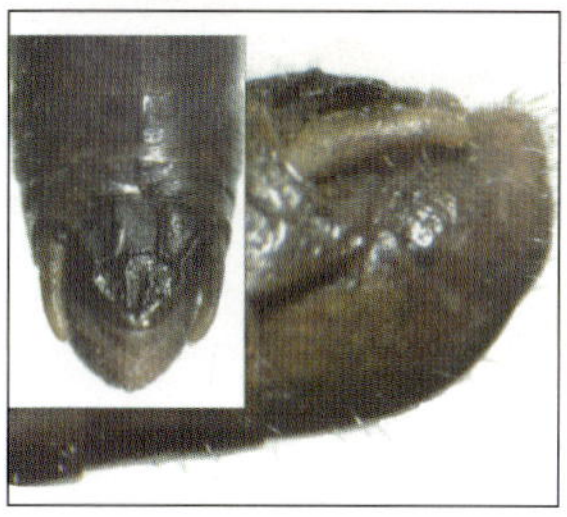

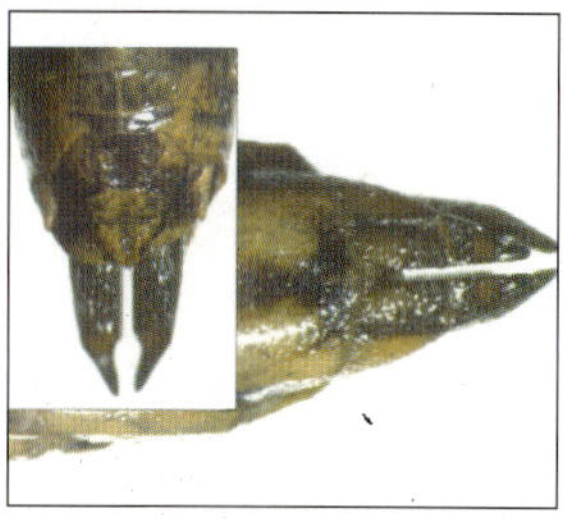

体型中等，雌性比雄性粗壮。头侧窝呈三角形。触角细长，伸达或超过前胸背板后缘，雌性则短于头、胸长度之和。复眼卵圆形。前胸背板前部较窄，后部较宽；分布粗糙颗粒状突起。前翅具密而细碎的褐色斑点，雄性长度达后足胫节顶端，雌性则略超过后足胫节中部。前翅中脉域具有明显的中闰脉。后翅短于前翅，前缘呈“S”形弯曲，主要纵脉明显地增粗，基部玫瑰红色，透明。后足股节外侧黄绿色，具 3 个暗斑，内侧橙红色，具 2 个黑斑，端部具黄色膝前环。后足胫节黄色或橙红色。雌性上产卵瓣之上外缘具不规则的钝齿。体长：雄性 23~29mm，雌性 28~32mm。体色浅绿色或黄褐色，绿色个体，头、胸、前翅均为绿色。

鼓翅皱膝蝗

Angaracris barabensis (Pallas, 1773)

体型中等。颜面垂直，头顶宽短，头侧窝三角形。触角丝状，雄性的触角超过前胸背板后缘，雌性侧不超过。前胸背板下缘黄白色；中隆线明显，被后横沟深深地切断，侧隆线在沟后区明显；后缘为直角形。前、后翅发达，超过后足胫节中部。前翅具明显的中闰脉。后翅前缘弯曲，基部黄色。后足股节粗短，基部内侧和下侧基半部黑色，端半部具黑带，膝部内侧黑色；其上侧中隆线平滑，膝侧片顶端呈圆形。后足胫节黄色或稍呈红色。体长：雄性21~31mm，雌性29~35mm。体色灰绿色、棕绿色或灰棕色，具明显的黑斑。

红翅皱膝蝗和鼓翅皱膝蝗形态较接近，区别为：红翅皱膝蝗后翅基部为玫瑰红色，鼓翅皱膝蝗后翅基部为淡绿色或淡黄色。

尖翅蝗属 »

甘蒙尖翅蝗

Epacromius tergestinus extimus Bey-Bienko, 1951

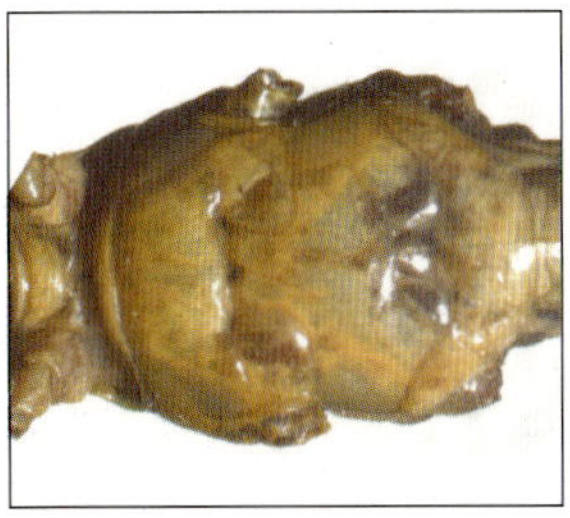

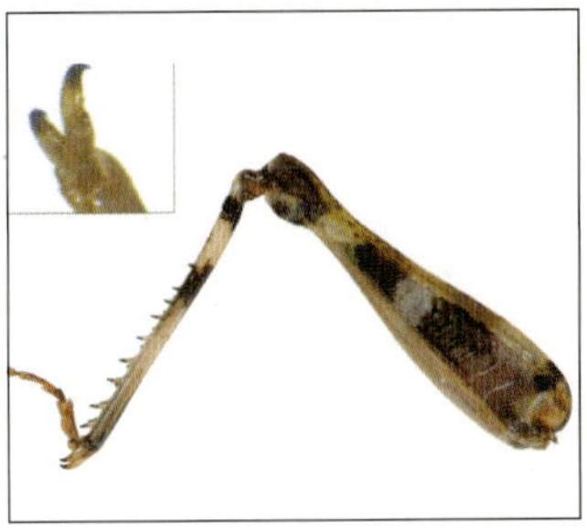

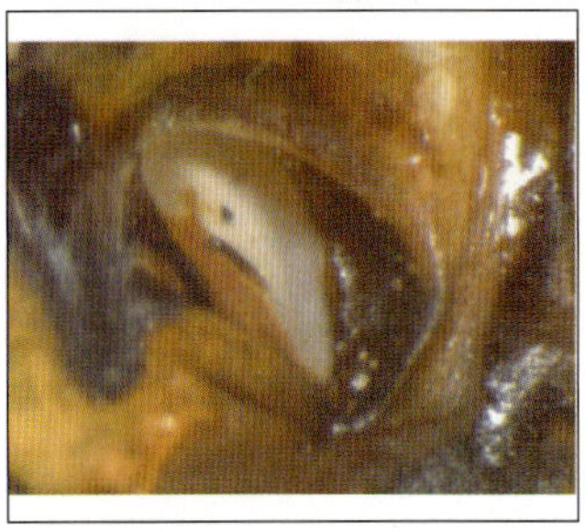

体型为中小型。头较小，高于前胸背板，头侧窝三角形。复眼卵圆形，复眼之后具黑色纵条纹。触角丝状，长度超过前胸背板后缘。前胸背板缺侧隆线，3 条横沟明显，仅后横沟切断中隆线；前缘平直，后缘突出，呈钝角；中隆线较低，缺侧隆线；三条横沟非常明显，沟前区小于沟后区。中胸腹板侧叶长为宽的 1.4 倍；后胸腹板侧叶彼此分开。前、后翅不到达或刚到达后足胫节的中部；前翅浅色与暗色斑点；中脉域具有明显的中闰脉，基部靠近肘脉，端部靠近中脉。后翅主要纵脉正常，不增粗。鼓膜器发达，呈卵圆形。后足股节上侧中隆线平滑，外侧上隆线和下隆线上分别有距离不等的 4~6 个黑色斑点。胫节基部、中部和端部具黑环。跗节爪间中垫短小，顶端不到达爪的中部。尾须圆柱形，雄性长度超过肛上板末端，雌性则达不到。雌性产卵瓣粗短，顶端钩状。体长：雄性 15.9~16.3mm，雌性 24.4~28.5mm。体色暗褐色、黄褐色或绿褐色。蝗卵形态见下右图。

大垫尖翅蝗

Epacromius coerulipes (Ivanov, 1887)

体型为中小型。头部较大，高于前胸背板；头顶中央低凹，侧缘隆线明显。触角丝状，长度超过前胸背板后缘。复眼大而突出。前胸背板的纹路在个体间变化较多：有些个体纵条纹暗褐色，被斑点覆盖，较难辨出；有些个体背板纵条纹很明显，为红色或黄色；有的个体背板具有明显的“×”形纹。前胸背板中隆线略隆起，缺侧隆线；3 条横沟均明显可见，仅后横沟在中前部切断中隆线。中胸腹板侧叶间中隔长略大于宽；后胸腹板侧叶全长彼此分开。前翅较远地超过后足股节端部；分布许多褐色小斑点；中脉域的中闰脉全长与中脉平行。后翅略短于前翅，本色透明。股节上侧中隆线平滑，外侧下隆线生有数个黑色短带；内侧在中部和端部具有 2 个黑色横斑；底侧为玫瑰红色。胫节淡黄色，基部、近中部和端部各有 1 条黑色环纹。跗节爪间中垫超过爪之中部。雄性下生殖板上、下扁平，呈短舌状，尾须为长柱形。雌性上产卵瓣较细，端部呈钩状弯曲，尾须不到达肛上板端部。体长：雄性 13.7~15.6mm，雌性 20.0~4.7mm。体色暗褐色、黄褐色或黄绿色。蝗卵形态见右下图。

相似种比较：大垫尖翅蝗、小垫尖翅蝗和甘蒙尖翅蝗形态接近，大垫尖翅蝗的跗节爪间中垫顶端超过爪的中部，后足股节底侧玫瑰红色；小垫尖翅蝗和甘蒙尖翅蝗跗节爪间中垫顶端不到达爪的中部，后足股节底侧非玫瑰红色。小垫尖翅蝗前后翅超过后足胫节的中部，甘蒙尖翅蝗前后翅不到达或刚到达后足胫节的中部。

绿纹蝗属 »

花胫绿纹蝗

Aiolopus tamulus (Fabricius, 1798)

体型为中小型。头部较大，头顶棱角分明，呈三角形，顶端为锐角，头侧窝为狭长梯形。触角丝状，超过前胸背板后缘。前胸背板前窄后宽，中隆线隆起第，全长明显，两侧具发散状黄色条纹；3 条横沟均明显，仅后横沟在中前部将中隆线割断。雄性中胸腹板侧叶间中隔方形；雌性宽为长的 1.3 倍。后胸腹板侧叶全长分开。前翅超过后足股节端部。前翅亚前缘脉域基部有 1 条明显的鲜绿色或黄褐色纵条纹；中脉域的中闰脉明显，其顶端接近中脉，脉上具发音齿。后翅基部黄绿色，

外缘暗色。股节上侧中隆线平滑，内侧大部分黑色，端半部有 2 个淡色横带；底缘红色。胫节有 3 种颜色：端部红色，中部蓝黑色，基部淡黄色。跗节爪间中垫的长度接近爪之中部。雄性下生殖板短锥形，尾须长锥状。雌性上、下产卵瓣端部略弯曲，尾须短锥状。体长：雄性 18~22mm，雌性 25~29mm。体色常褐色，也有绿色、红色个体。蝗卵形态见右下图。

尖翅蝗和绿纹蝗的区别为：前者头侧窝三角形，且前翅中脉域之中闰脉常较平行于中脉，而后者头侧窝为梯形，且前翅中脉域之中闰脉端部趋近中脉。

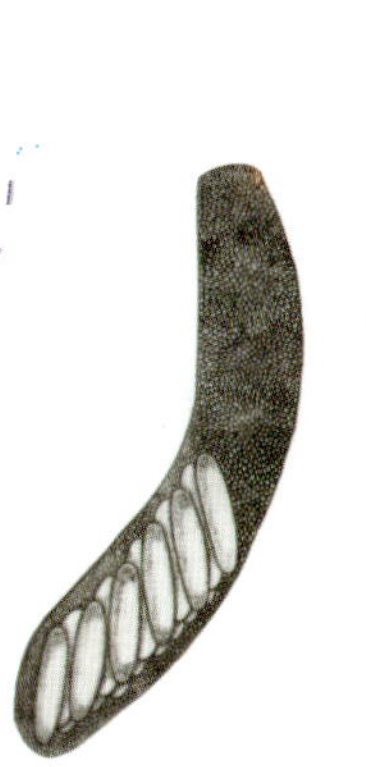

小车蝗属 »

黄胫小车蝗

Oedaleus infernalis Saussure, 1884

体型中等偏大。头大，头顶顶端宽短，头侧窝三角形。触角丝状，雄性超过前胸背板后缘，雌性不超过或刚刚达到。前胸背板两侧有2条黑色纵带，其上出现白色“×”形纹。前胸背板中隆线略隆起；侧片后缘黑、白相间。中胸腹板侧叶间中隔较宽，宽大于长。前翅较远地超过后足股节端部，端部半透明，散布形状各异的暗色斑块；中脉域的中闰脉明显，其上具发音齿。后翅在基部淡黄色，中部有1轮到达后翅后缘的暗色狭横带。雄性后足和雌性后足在颜色上存在差别：雄性在股节内侧下缘为红色，胫节为红色；雌性在股节内侧下缘为黄褐色，胫节为黄褐色或红黄色。雄性下生殖板短锥形，尾须圆柱状。雌性产卵瓣粗壮，端部略弯曲。体长：雄性20.5~25.5mm，雌性29.0~35.5mm。体色暗褐色、绿褐色、草绿色。蝗卵形态见下右图。

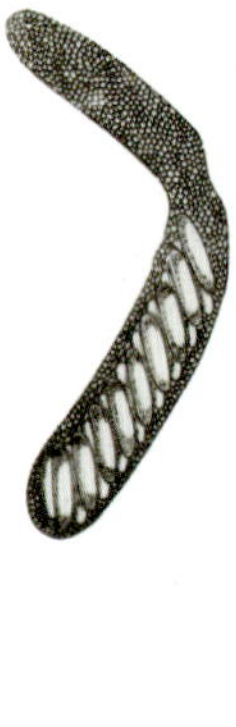

亚洲小车蝗

Oedaleus decorus asiaticus Bei-Bienko, 1941

体型中型偏小。前胸背板在中部收缩；中隆线两侧有黑色纵条，其上有淡色条纹，组成“×”形。中胸腹板侧叶间中隔的最狭处宽度等于长。前翅较远地超过后足股节端部。前翅中闰脉明显，其上音齿发达；基半部有 2 块大暗斑。后翅中部具暗色横带，基部淡绿色。股节外侧有 3 条黑色斜纹，内侧有宽、窄两黑斑，膝部黑色。胫节红色，基部黄褐色。体长：雄性 18.5~22.5mm，雌性 28.1~37.0mm。体色有暗褐色和黄绿色之别，体表具有杂乱的黑色、褐色斑纹。蝗卵形态见右下图。

相似种比较：黄胫小车蝗与亚洲小车蝗相近，黄胫小车蝗前胸背板“×”纹较不明显，后翅的暗色横带到达或略不到达后缘；亚洲小车蝗前胸背板“×”纹明显，后翅暗色横带远不到达后缘。

驼背蝗属

驼背蝗

Pyrgodera armata (Fischer de Waldheim, 1820)

体型较大。头顶侧观向前倾斜，颜面较直，侧观颜面与头顶组成钝角或近圆形。触角丝状，较长，常超过前胸背板后缘。复眼卵形。前胸背板中隆线狭片状隆起，呈明显圆弧形，3 条横沟不切断中隆线，仅后横沟微微切断，无明显凹口；前、后均缘呈角状突出；侧片的中部常具淡黄色斑点。前翅端部具不规则暗色斑点；中脉域具有明显的中闰脉，闰脉前方具网状稀疏横脉。后翅纵脉不增粗，基部鲜红色，中部具较宽的黑色横纹。股节上侧中隆线平滑。后足股节较宽短，上侧的中隆线平滑，无细齿；上侧常具 2 个褐色横斑，内侧淡黄色。胫节顶端缺外端刺，沿其外缘具刺 11~12 个；跗节爪间的中垫较短，不到达或刚到达爪的中部。雄性尾须为长锥形，其顶端略向内屈，其下生殖板为短锥形，顶端尖锐；雌性产卵瓣粗短，上产卵瓣的上外缘无细齿。体长：雄性 23.5~32mm，雌性 34~42.5mm。体色姜黄色、黄褐色或淡灰色。

赤蝗属 »

大赤翅蝗

Celes skalozubovi akitanus (Shiraki, 1910)

体型中等偏大。颜面具不规则黑褐色斑点，略向后倾斜。暗斑从头部穿过复眼，延伸至前胸背板后横沟。触角丝状，超过前胸背板后缘。前胸背板宽平，前缘平直，后缘弧形。中隆线明显且较低；侧隆线在沟前区消失，在沟后区可见，仅 1 对侧隆线；3 条横沟明显，仅后横沟切断中隆线。前翅发达，到达或略超过后足股节的末端，暗褐色或黄褐色，散布不规则黑色斑点；中脉域之中闰脉的前方横脉不规则。后翅主要纵脉不增粗，基部玫瑰色，前缘和顶端暗色。股节粗壮，上侧中隆线光滑无齿；外侧下膝侧片下缘较平直，端部近圆形。股节上侧和内侧由基部到端部均匀分布 3 个黑斑纹，底侧淡色；外侧上、下隆线上均具小黑点。胫节蓝黑色，近基部具 1 淡色环纹。雄性肛上板三角形，尾须锥状细长，超过肛上板端部，下生殖板短锥形。雌性上产卵瓣边缘有不规则凹陷，端部呈钩状。体长：雄性 25.9~27.9mm，雌性 37.2~43.6mm。体色暗褐色或黄褐色。蝗卵形态见右下图。

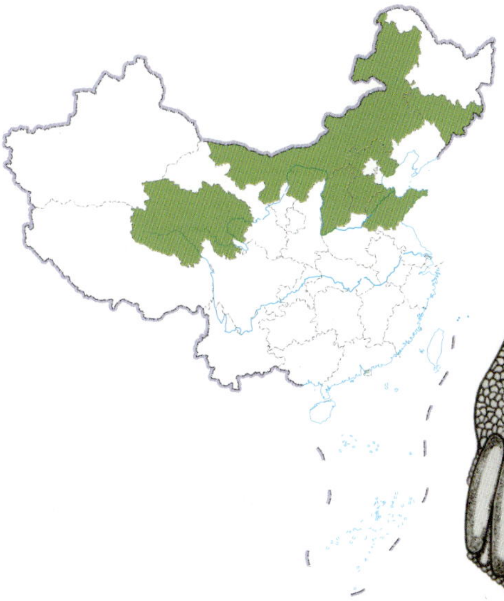

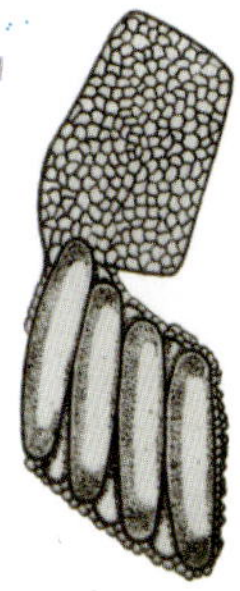

斑翅蝗属

蓝斑翅蝗

Oedipoda caerulescens (Linnaeus, 1758)

体型中等。头部较短，头顶宽短，明显向前倾斜；颜面较直，侧观颜面与头顶组成钝角或近圆形。复眼卵形，较突出。触角丝状，略超过前胸背板后缘。前胸背板粗糙，中隆线隆起低，被后横沟深深地割断，凹口明显。前、后翅均发达，前翅大部分不透明，仅顶端透明，在基部、中部及顶端各具有 1 条黑色横条纹。后翅较宽，前翅之长较远的超过后足股节顶端。前翅中脉域具有明显的中闰脉，闰脉前方为网状稀疏横脉；基部青蓝色，纵脉不增粗，具暗色横轮纹。后足股节较粗短，上侧中隆线在基部之半较高，无细齿。后足股节上侧中隆线平滑，自中部至端部明显地低陷，胫节外缘具刺 9~10 个，缺外端刺。雌性体型比雄性大，产卵瓣较粗短，顶端较细。体长：雄性 14~19.5mm，雌性 20.5~27.5mm。体色黑褐色或黑灰色。

红斑翅蝗

Oedipoda miniate (Pallas, 1771)

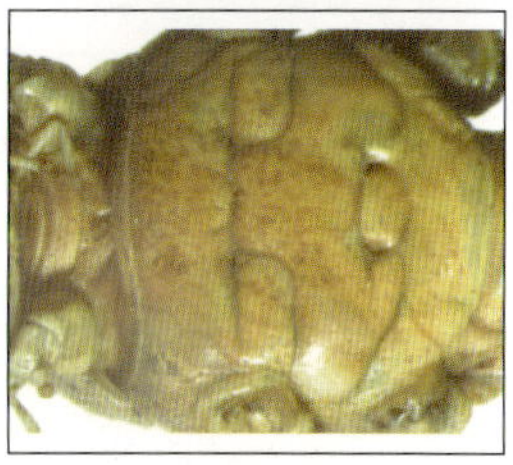

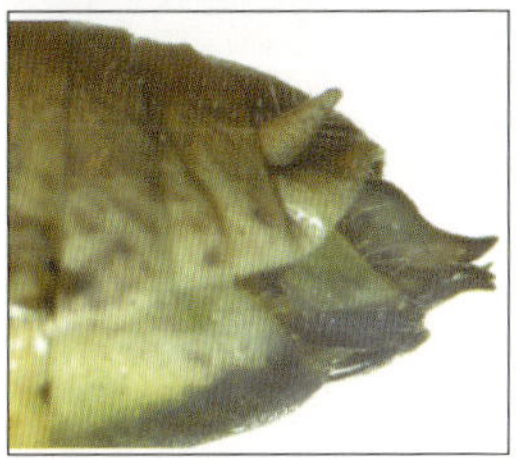

体型中等。头部较短，头顶宽短，顶端钝圆。头顶明显向前倾斜，颜面较直，侧观颜面与头顶组成钝角或近圆形。前胸背板中隆线隆起低，被后横沟深深地割断，凹口明显。前翅基部、中部、后部之前各具 1 条黑色或暗色横条纹；中脉域具有明显的中闰脉，闰脉前方为网状稀疏横脉。后翅基部鲜红色，纵脉不增粗，具暗色横轮纹。股节上侧中隆线平滑，自中部至端部明显地低陷。体长：雄性 16.5~20.0mm，雌性 22~32mm。体色褐色或暗褐色。蝗卵形态见右下图。

相似种比较：蓝斑翅蝗和红斑翅蝗形态较接近，区别为：蓝斑翅蝗后翅基部是青蓝色，而红斑翅蝗后翅基部是鲜红色。

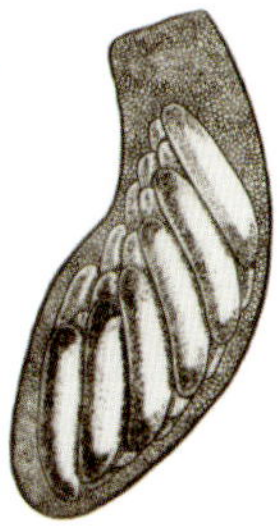

疣蝗属 »

疣蝗

Trilophidia annulata (Thunberg, 1815)

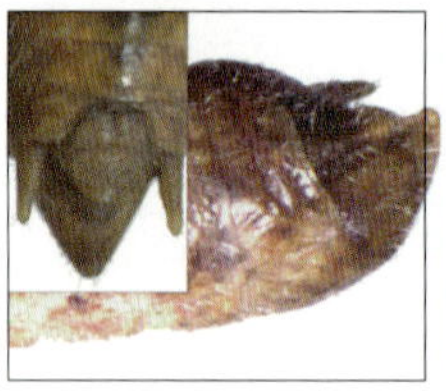

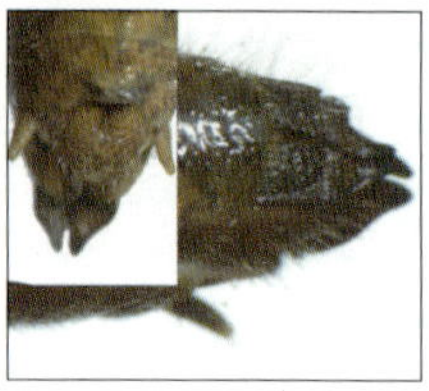

体型较小。体表粗糙，密布小突起、斑点。胸、腹、足长有许多绒毛。复眼卵形。触角丝状，超过前胸背板后缘，基部黄褐色，端部褐色。头顶钝圆且凹陷，明显向前倾斜。前胸背板在后横沟以前收缩，以后渐宽；前缘略凸出，后缘近直角；侧隆线在前缘和沟后区明显可见。前胸背板中隆线隆起较高，在沟前区的部分被中、后横沟深深地割断，形成两个角状突起。中胸腹板侧叶间中隔宽约为长的2倍，后胸腹板侧叶不相连。前、后翅较长地超过后足股节端部，翅顶端宽圆。前翅褐色散布有褐色斑点；中脉域中闰脉发达，其顶端部分较接近中脉。后翅基部黄色，其余部分烟色。股节上侧中隆线全长平滑，内侧黑色，端半部有2个淡色横带。胫节黑色，基部和中部各有1个淡色环，具刺8~9个，缺外端刺，刺顶端黑色。跗节爪间中垫小，长度短于爪之中部。雄性下生殖板短锥形。雌性产卵瓣粗短，外缘光滑。体长：雄性11.7~16.9mm，雌性15.0~26.0mm。体色灰褐色或暗褐色。蝗卵形态见下右图。

束颈蝗属 »

蓝胫束颈蝗

Sphingonotus coerulipes Uvarov, 1922

体型中等。头短，略高于前胸背板。头顶侧观向前倾斜，颜面较直，侧观颜面与头顶组成钝角或近圆形。触角丝状，超过前胸背板后缘。前胸背板在沟前区明显收窄，沟后区较宽；后缘呈角形突出，后横沟位于前胸背板中部之前；中隆线被 3 个横沟较浅地切割；侧片的前下角为钝角。腹部第 1 节侧面鼓膜器的鼓膜片较大，可覆盖住鼓膜孔的 1/3 以上。前翅具 2 个暗色横纹带；较狭长，长为宽的 5.5~7 倍；中脉域具有较直的中闰脉，闰脉前方具网状稀疏横脉。后翅基部淡蓝色，纵脉不增粗。后足股节上侧中隆线平滑；内侧具 1 条淡色斑纹。内侧距正常，不长于后足跗节第 1 节的长度之半。胫节污蓝色。体长：雄性 14.5~17.5mm，雌性 23.2~26.5mm。体色灰褐色或黄褐色。

蒙古束颈蝗

Sphingonotus mongolicus Saussure, 1888

体型中等。头短，高于前胸背板。头顶侧观向前倾斜，颜面较直，侧观颜面与头顶组成钝角或近圆形。触角丝状，超过前胸背板后缘。前胸背板后缘呈角形突出，后横沟位于前胸背板中部之前；中隆线低细，被 3 个横沟较浅地切割。中胸腹板侧叶间中隔较宽，宽约为长的 2 倍。前翅到达后足股节端部，基部和中部具暗色横纹；中脉域具有明显的中闰脉，闰脉前方具网状稀疏横脉。后翅基部蓝色；中部具明显的暗色弯曲横纹带，较宽，不触及后翅的后缘且远不达后翅的内缘；纵脉不增粗。腹部第 1 节背板侧面鼓膜器的鼓膜片较大，覆盖住鼓膜孔的 1/3 以上。后足股节上侧中隆线平滑；内侧蓝黑色，端部淡色。后足胫节内侧距正常，其长度不长于后足跗节第 1 节的长度之半；胫节污黄色，近基部具 1 条淡蓝色斑纹。后足跗节淡黄色，爪间垫小，不达到爪中部。雄性下生殖板短锥形；雌性产卵瓣粗短，顶端钩状。体长：雄性 17~20.9mm，雌性 26.4~27.6mm。体色黄褐色、灰褐色或暗褐色。蝗卵形态见右下图。

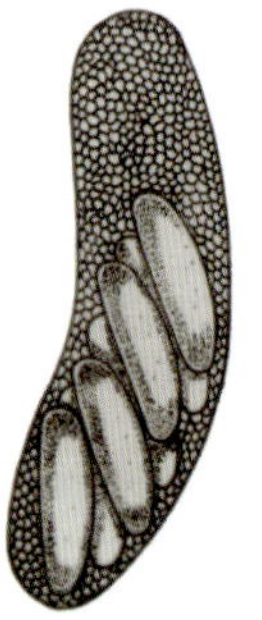

八纹束颈蝗

Sphingonotus octofasciatus (Serville, 1839)

雄性 16.5~24.5mm，雌性 25~34.5mm。体色黄褐色或灰褐色。

体型较大，雌性体型较雄性大。头部较短，侧面观略高于前胸背板高度。头顶向前倾斜，宽平，侧缘隆线和中隆线明显；头侧窝不明显。复眼卵圆形。触角丝状，明显超过前胸背板的后缘。触角丝状，细长，超过前胸背板后缘。前胸背板在沟前区紧缩，沟后区较平；后缘呈弧形，中隆线较低且细，被 3 条横沟割断。中胸腹板侧叶间之中隔的宽度为其长度的 1.6 倍。前、后翅发达，超过后足胫节的中部；前翅 3 条明显黑色横斑；中闰脉弯曲，在顶端靠近中脉。后翅基部杏红色，中部具黑色轮状纹，不到后缘，顶端具黑色斑块。后足股节较短粗，股节的长度约为其宽度的 3.8 倍；内侧淡黄色，中部具暗色斑纹；上、下膝侧片暗褐色。后足胫节黄色，略短于股节，外缘具刺 9~10 个，内缘具刺 10 个。下生殖板短锥形，顶端钝圆。雌性产卵瓣短粗，顶端钩状，下产卵瓣基部的悬垫光滑。体长：

长翅束颈蝗

Sphingonotus longipennis Saussure, 1884

体型较大。头短，略高于前胸背板，头侧窝不明显。颜面略倾斜，颜面隆起明显。触角丝状，超过前胸背板的后缘。前胸背板在沟前区收窄，沟后区较平，后缘呈钝角；中隆线较低且细，被 3 条横沟割断，沟后区大于沟前区。前、后翅发达，到达后足胫节的顶端。前翅有两个较暗斑块；中脉域的中闰脉的顶端近中脉。后翅基部蓝色，中部有条黑色横纹带。后足股节较短粗。后足胫节略短于股节，外缘具刺 7~8 个，内缘具刺 10~11 个。后足股节暗黑色，顶端淡色。后足胫节黄褐色，具 2 条蓝色斑纹。下生殖板短锥状，顶端钝圆。雌性产卵瓣短粗，顶端钩状。体长：雄性 27~29mm，雌性 29.2~32.4mm。体色黄褐色、灰褐色。

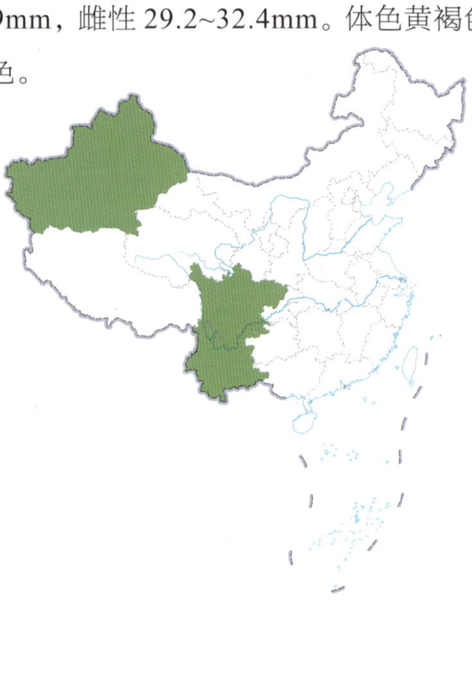

6. 网翅蝗科 Arcypteridae

网翅蝗科，体型多为中小型。触角丝状。前翅中脉域一般缺中闰脉；后翅一般不具彩色斑纹。后足股节外侧上、下隆线间具羽状平行脉。

网翅蝗属 »

隆额网翅蝗

Arcyptera coreana Shiraki, 1930

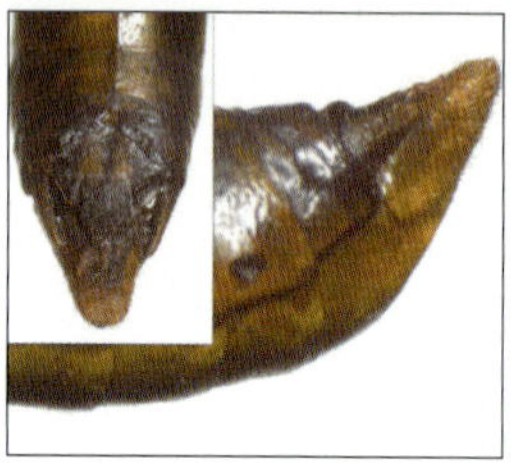

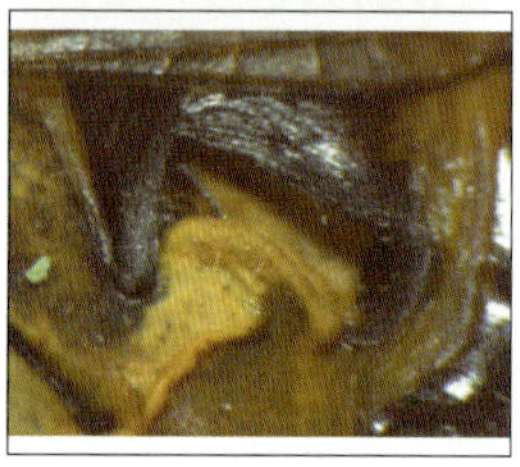

体型中等。颜面隆起，近上唇基部消失。前胸背板具黑斑，两侧隆线近于平行，侧隆线间最宽处略大于最狭处。头侧窝浅平，具粗大刻点。前、中、后横沟明显，沟后区大于沟前区。雌、雄两性腹部第 1 节背板两侧具发达的鼓膜器，鼓膜孔近圆形。前、后翅发达，超过后足端部。前翅肘脉域宽，雄性最宽处约等于中脉域宽的 4 倍；雌性肘脉域宽约为中脉域的 2 倍。雌性前翅中脉域和肘脉域具黑色斑点。后翅几乎全部呈暗褐色。股节内侧下隆线具发音齿。后足股节内侧下隆线和底侧中隆线间常为淡红色；内侧具 3 个黑色横斑。后足胫节基部黑色，近基部具黄色环纹。体长：雄性 27~30mm，雌性 33~40mm。体色褐色或暗褐色。

曲背蝗属

宽翅曲背蝗

Pararcyptera microptera meridionalis (Ikonnikov, 1911)

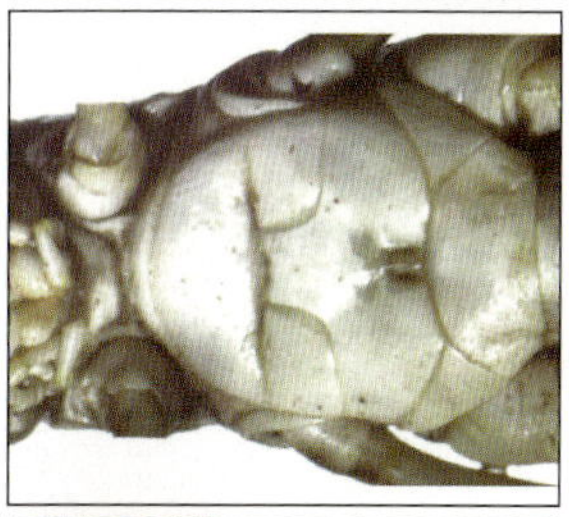

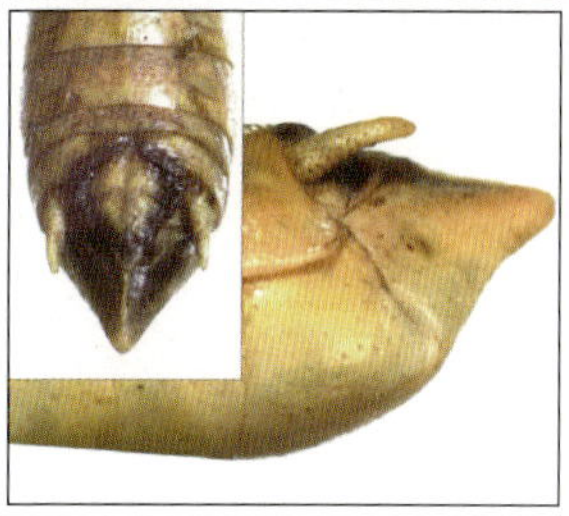

体型中等。头较大，头侧窝长方形，凹陷较深。头、背具黑色“八”形纹。触角丝状，超过前胸背板后缘。前胸背板中隆线和3条横沟均明显，仅后横沟在中部切断中隆线；侧隆线在沟前区向中部弯曲。前翅具细碎黑色斑点；前缘脉域具白色纵纹。雄性前翅略不到达或刚到达后足股节端部，雌性前翅短，仅达腹中部左右。雄性前翅前缘脉域最宽处为亚前缘脉域最宽处的2.5~3倍；肘脉域最宽处近2倍于中脉域端部最狭处。后翅略短于前翅。后足股节黄褐色，具3个暗斑；内侧下隆线具发音齿，内侧橙红色；雄性内、外侧下膝侧片黑色，雌性内、外下膝侧片黄白色。后足胫节橙红色，基部淡色。雄性下生殖板短锥形，顶端略尖。雌性产卵瓣粗短，上产卵瓣的外缘无细齿。体长：雄性23~28mm，雌性35~39mm。体色黄褐色或黑褐色。蝗卵形态见下右图。

戟纹蝗属 »

狭条戟纹蝗

Dociostaurus brevicollis (Eversmann, 1848)

体型较小。头侧窝宽短，雌性长为最宽处的1.4~1.5倍。前胸背板具“×”形淡色狭纹，3条横沟均明显，仅后横沟切断中隆线。触角丝状，超过前胸背板后缘。后胸腹板侧叶全长分开。前翅在背面相互毗连，前翅前缘脉域基部具淡色纵纹。前翅缘前脉域在基部明显扩大，自此向顶端逐渐趋狭；肘脉域较狭，最宽处等于或明显小于中脉域宽度。后足股节内侧下隆线具发音齿，外侧暗褐色。后足胫节橘红色，基部黑色。跗节第1节长度等于其余2节长度之和。雌、雄两性腹部第1节背板两侧具发达的鼓膜器。雄性下生殖板短锥形，顶端较钝。雌性产卵瓣粗短，上瓣外缘略凹。体长：雄性12~18mm，雌性16~25mm。体色暗褐色。蝗卵形态见右下图。

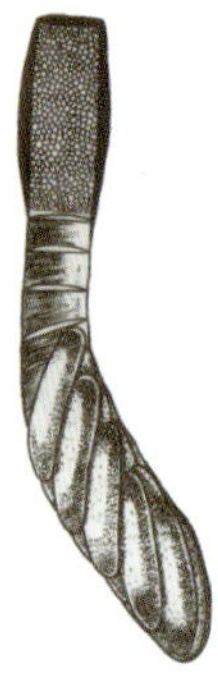

蓝胫戟纹蝗

Dociostaurus tartarus Uvarov, 1921

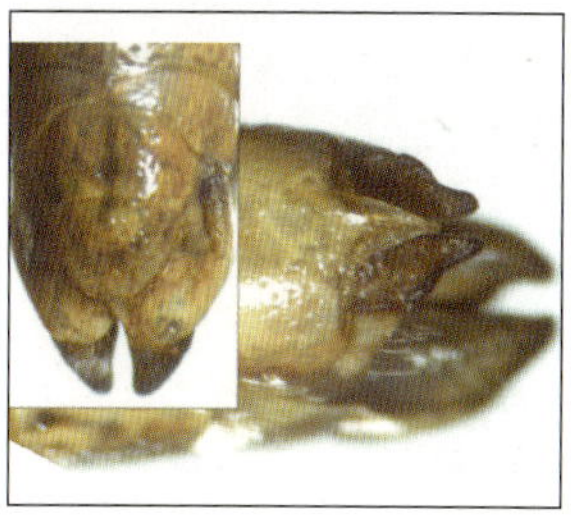

体型较小。头侧窝宽短，雌性长为最宽处的1.75~2倍。后头平滑。前胸背板具“×”形纹，3条横沟均明显，均切断侧隆线。前、后翅发达，到达后足股节膝部或后足股节顶端。前翅缘前脉域具淡黄色条纹；脉域在基部明显扩大，自此向顶端逐渐趋狭，雌性该域超过前翅中部；中脉域具5~6个黑斑；肘脉域较狭，最宽处明显小于中脉域宽度。后胸腹板侧叶全长分开。雌性与雄性腹部第1节背板两侧具发达的鼓膜器。后足股节内侧下隆线具发音齿，黄褐色，外侧上半部及上侧具2个黑色横斑，膝部黑色。胫节污蓝色。跗节第1节长度等于其余2节长度之和。体长：雄性12~17.5mm，雌性20~26mm。体色黄褐色。蝗卵形态见右下图。

相似种比较：狭条戟纹蝗和蓝胫戟纹蝗前胸背板都具有较狭的淡色条纹，沟后区的“×”形纹若发达，该纹最宽处等于或者超过沟前区淡色纹的最宽处到前胸背板后横沟的距离，后足股节外侧隆线下侧通常没有黑色斑点。狭条戟纹蝗后足胫节橘黄色，蓝胫戟纹蝗后足胫节污蓝色。红胫戟纹蝗具有较宽的淡色侧条纹，在沟后区条纹的最宽处大于沟前区淡色纹最宽处到后横沟距离的2~4倍，后足股节沿外侧的下隆线常具1列小黑点。

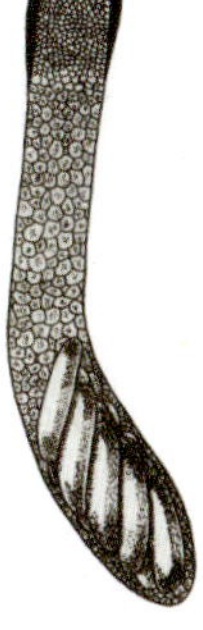

牧草蝗属 »

红腹牧草蝗

Omocestus haemorrhoidalis (Charpentier, 1825)

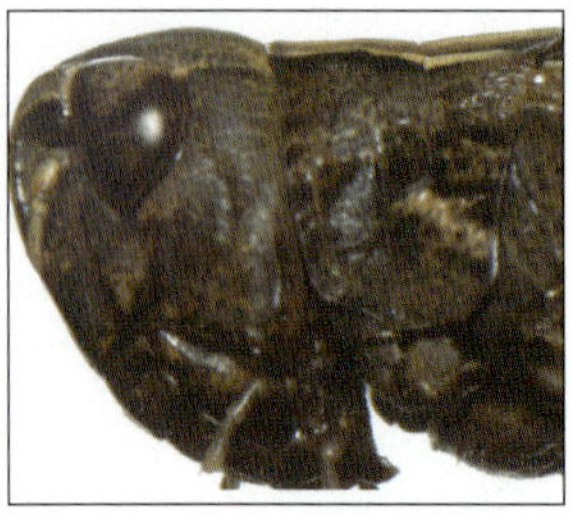

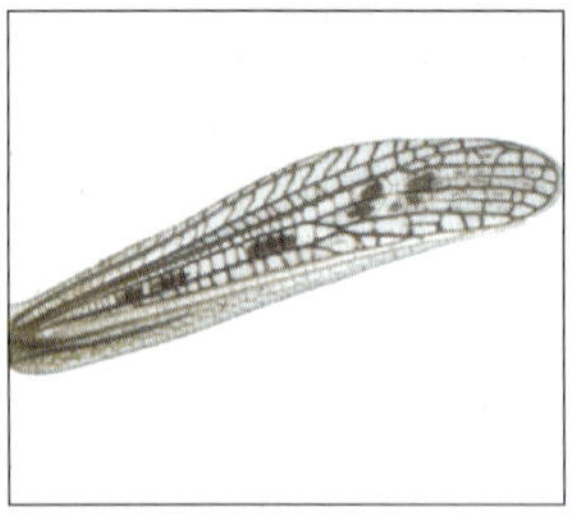

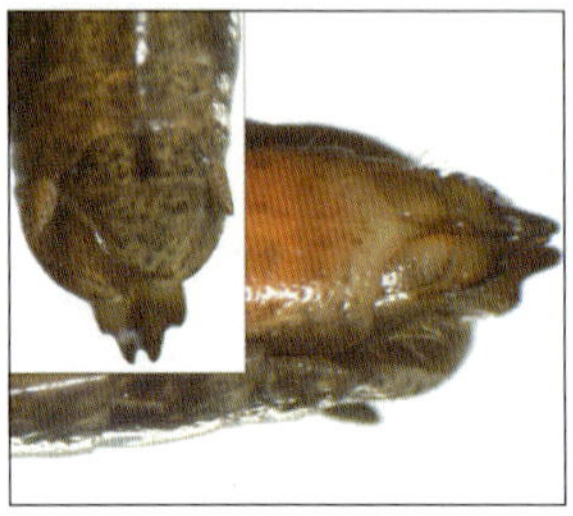

体型较小。头侧窝长方形，长约为宽的 2.5 倍。雄性触角超过前胸背板后缘，雌性则达到前胸背板后缘。雄性前翅到达或超过后足股节的端部，雌性到达或稍不到达后足股节端部。前胸背板侧隆线前半段外侧及后半段内侧具黑色纹；后横沟位于中部，侧隆线在沟前区明显弯曲。后胸腹板侧叶全长分开。雄性前翅径脉域的宽度与亚前缘脉域几乎相等，中脉域宽度为肘脉域宽的 2 倍。雌性径脉域的宽度远宽于亚前缘脉域，中脉域的宽度为肘脉域宽度的 1.5~2 倍。鼓膜孔宽缝状。股节内侧、底侧黄褐色，末端褐色。胫节黑褐色。体长：雄性 11.7~14.1mm，雌性 18~18.7mm。体色绿色或黑褐色。雄性腹部背面和底面红色，雌性腹部底面红色。蝗卵形态见下右图。

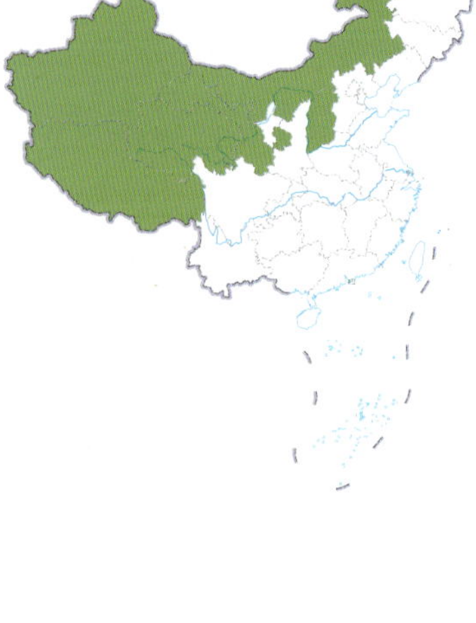

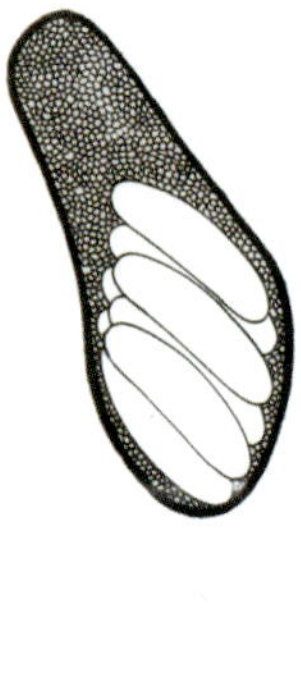

肿脉蝗属 »

肿脉蝗

Stauroderus scalaris scalaris (Fischer von Waldheim, 1846)

体型中等。触角丝状，超过前胸背板后缘。前胸背板背面平，侧面不凸出。头侧窝狭长，长约为宽的 2.8 倍。后胸腹板侧叶全长分开。前、后翅发达，雄性超过后足股节的顶端，雌性到达或略超过后足股节的顶端。前翅前缘颇弯曲，近顶端处具有明显的弧形凹陷；缘前脉域在基部明显扩大，自此向顶端逐渐趋狭；中脉域很宽，为肘脉域宽的 3~6 倍。后翅暗褐色，前缘脉和亚前缘脉在近顶端处明显弯曲，径脉近端处明显增粗。雌性与雄性腹部第 1 节背板两侧具发达的鼓膜器。股节内侧下隆线具发音齿。雄性尾须长锥形，下生殖板短锥形。雌性产卵瓣粗短，下生殖板后缘中央三角形突出。体长：雄性 18~20mm，雌性 22~27mm。体色暗褐色、黄褐色或绿黄褐色。蝗卵形态见下右图。

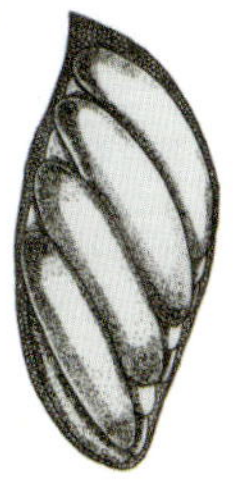

雏蝗属 »

翠饰雏蝗

Chorthippus dichrous (Eversmann, 1859)

体型为小型至中型。头侧窝狭长，长为宽的 2~2.5 倍。前胸背板背面平，侧面不凸出；两侧隆线几乎平行，两线最宽处等于或略大于最狭处。后胸腹板侧叶全长分开。前、后翅发达，通常超过后足股节顶端。前翅具有褐色斑点，缘前脉域宽短，通常不到达前翅的中部（雌性常到达），常具闰脉；中脉较直或自中部略向下弯曲。后翅透明本色，前缘脉和亚前缘脉直，不弯曲。雌性与雄性腹部第 1 节背板两侧具发达的半圆形鼓膜器。后足股节黄褐色，内侧下隆线具发音齿。跗节两爪长度相等。雄性尾须圆柱形，下生殖板短锥形，末端钝圆，雌性产卵瓣较长，上产卵瓣无细齿，下产卵瓣端部凹陷。体长：雄性 14.7~19mm，雌性 17.8~30mm。体色黄褐色，有时体背面呈棕褐色、绿色。

青藏雏蝗

Chorthippus qingzangensis Yin, 1984

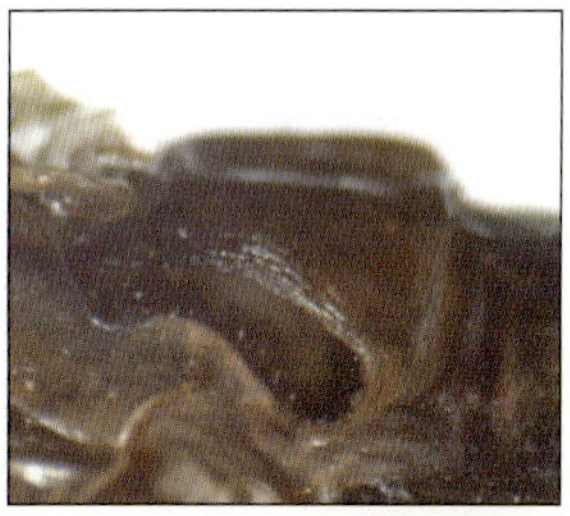

体型较小。触角端部褐色，雄性较雌性长。复眼之后及前胸背板侧隆线具黑色纹。后胸腹板侧叶全长分开。前、后翅发达，前翅缘前脉域狭长，前缘脉不弯曲。前翅棕褐色。后翅本色透明。雌、雄两性均具发达的鼓膜器。后足股节黄褐色，内侧下隆线发音齿基段音齿呈双排不规则排列。体长：雄性 13.4~16.9mm，雌性 19.6~24.5mm。体色浅褐色，或黄绿色、绿色。

相似种比较：翠饰雏蝗和青藏雏蝗、白边雏蝗形态较接近，区别为：翠饰雏蝗前翅缘前脉域宽短，通常不到达前翅的中部，常具闰脉，且中脉较直或自中部略向下弯曲。青藏雏蝗和白边雏蝗的前翅缘前脉域狭长，超过前翅中部，缺闰脉，且中脉自翅中部明显向下弯曲。

华北雏蝗

Chorthippus brunneus huabeiensis Xia & Jin, 1982

体型小型至中型。头侧窝明显低凹，狭长四角形。前胸背板背面平，侧隆线在沟前区呈角形或弧形弯曲；侧隆线处具黑纹。中胸腹板侧叶间中隔最狭处小于或等于其长度，且小于侧叶的最狭处。后胸腹板侧叶全长分开。前、后翅发达，超过后足股节端部。前翅褐色，翅顶1/3处有淡色纹，缘前脉域在基部明显扩大，自此向顶端逐渐趋狭，雄性该域端部不到达翅中部，雌性的到达翅的2/3处；肘脉域较狭，最宽处略小于中脉域宽度。后翅本色透明，前缘脉和亚前缘脉直。雌、雄两性腹部第1节背板两侧具发达的鼓膜器，鼓膜孔呈狭缝状。后足股节内侧有黑色斜纹，内侧下隆线具发音齿。后足胫节黄褐色。后足跗节两爪长度相等。雄性下生殖板端部钝圆。雌性产卵瓣端部呈钩状。体长：雄性14~18mm，雌性20~25mm。体色褐色。蝗卵形态见右下图。

相似种比较：华北雏蝗和异色雏蝗形态较接近，区别为：华北雏蝗中胸腹板侧叶间中隔较狭，最狭处小于或几乎等于其长度，且前胸背板侧隆线间最宽处为最狭处的2.3倍以上，而异色雏蝗中胸腹板侧叶间中隔较宽，其最狭处明显比其长度长，且前胸背板侧隆线最宽处为最狭处的2倍。

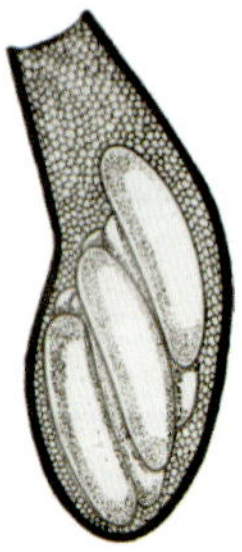

小翅雏蝗

Chorthippus fallax (Zubovsky, 1900)

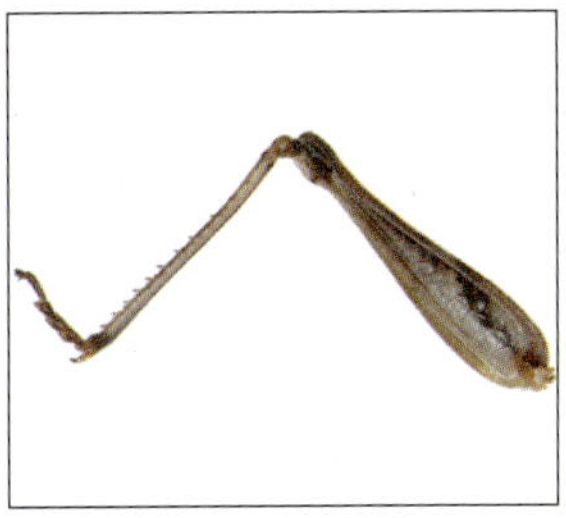

体型较小。头部较短。头侧窝狭长。触角细长，向后达到后足股节基部。前胸背板中、侧隆线明显，侧隆线在沟前区呈弧形弯曲，在沟后区明显扩大。后胸腹板侧叶全长分开。前翅黄褐色、褐色或淡褐色。雄性前翅到达后足股节2/3处，雌性前翅到达第2腹节的中部。雄性前翅顶端宽圆，雌性前翅顶端较尖锐。雄性前翅缘前脉域在基部明显扩大，自此向顶端逐渐趋狭。后翅本色透明，鳞片状。雌、雄两性腹部第1节背板两侧具发达的鼓膜器。后足股节黄褐色，内侧下隆线具发音齿。后足跗节两爪长度相等。雄性下生殖板钝锥形；雌性产卵瓣粗短，末端呈钩状。体长：雄性9~15mm，雌性14~22mm。体色褐色或褐绿色，复眼后具黑褐色眼后带。蝗卵形态见下右图。

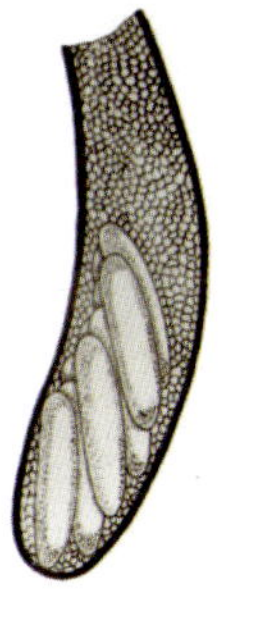

中华雏蝗

Chorthippus chinensis Tarbinsky, 1927

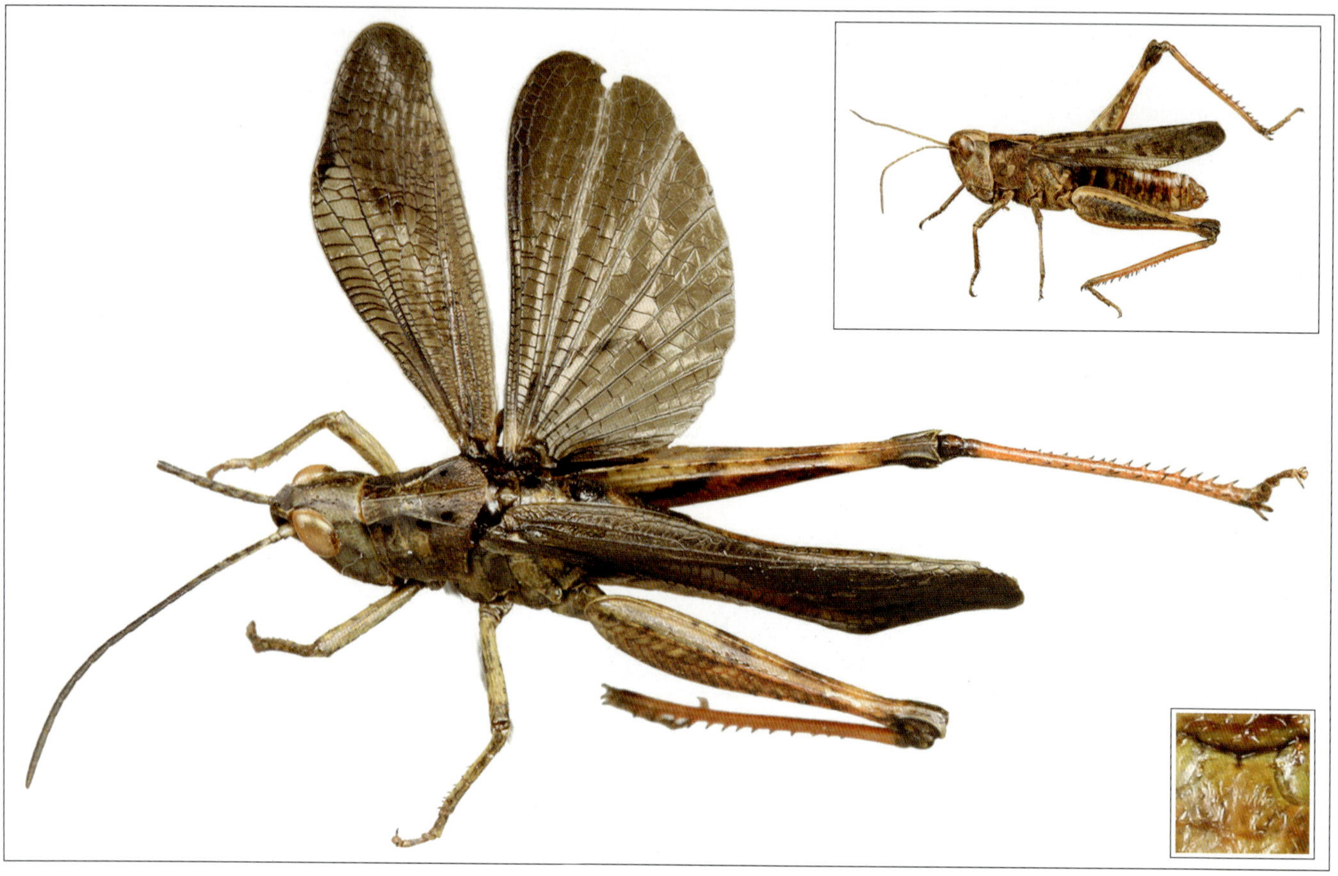

体型中等。头顶较尖，呈锐角形。头侧窝为长四角形。触角褐色，较长，到达后足股节基部。复眼长卵形，长宽比例为 1.5 左右。前胸背板前缘较平，后缘则呈圆角形突出；中隆线明显，侧隆线呈角形内曲；在雄性中后横沟位于前胸背板中部，沟前区长度与沟后区相等。中胸腹板侧叶宽大于长，中隔接近正方形。前翅褐色。雄性前翅较宽，长度超过后足股节的顶端，前缘脉及亚前缘脉弯曲呈“S”形；雄性中亚前缘脉域窄于前缘脉域，雌性中则前翅前缘脉域较长，超过翅中部。雌性前翅较狭，刚到达后足股节顶端。后翅黑褐色，与前翅等长。后足股节下侧、胫节及腹端橙黄色。后足股节内侧下隆线具音齿。雄性肛上板三角形；尾须圆锥形，到达肛上板顶端；下生殖板短锥形，顶较尖。体长：雄性 17.5~23mm，雌性 21~27mm。体色暗褐色。

异爪蝗属

素色异爪蝗

Euchorthippus unicolor (Ikonnikov, 1913)

体型较小。头顶顶端较宽，端部圆形。头侧窝狭长，长为宽的 2~4 倍。触角细长，超过前胸背板后缘。复眼后具不明显纵带。前胸背板侧隆线具不明显暗色条纹；背面平，侧面不凸出；雄侧隆线在沟前区几乎平行。后胸腹板侧叶全长分开。前、后翅缩短，雄性达肛上板基部，雌性刚到达后足股节中部。前翅黄绿色或黄褐色；缘前脉域在基部明显扩大，自此向顶端逐渐趋狭，通常不到达前翅中部；肘脉域较狭，最宽处等于或明显小于中脉域宽度。后翅前缘脉和亚前缘脉直，不弯曲。雌性与雄性腹部第 1 节背板两侧具发达的鼓膜器。股节内侧下隆线具发音齿。跗节两爪长度不相等。雄性下生殖板细长锥形。雌性产卵瓣较长，上产卵瓣外缘无细齿，下产卵瓣端部具凹陷。体长：雄性 13.1~17mm，雌性 18.7~23mm。体色黄绿色或褐绿色。蝗卵形态见下右图。

7. 槌角蝗科 Gomphoceridae

槌角蝗科，触角棒槌状，触角端部数节膨大呈棒状或槌状，有时膨大不明显，但触角端部触角节的宽度至少等于中段节的宽度。后足股节上、下侧隆线间具羽状隆线。

大足蝗属 »

李氏大足蝗

Gomphocerus licenti Chang, 1939

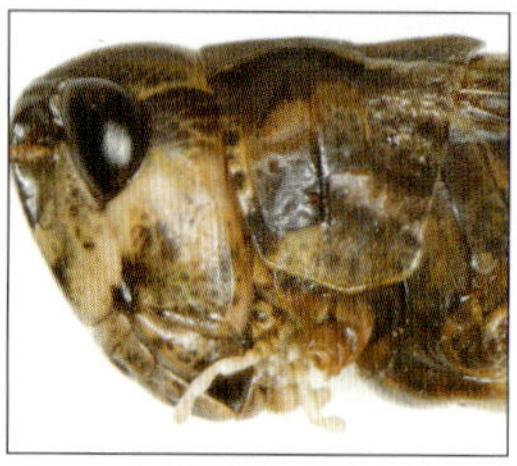

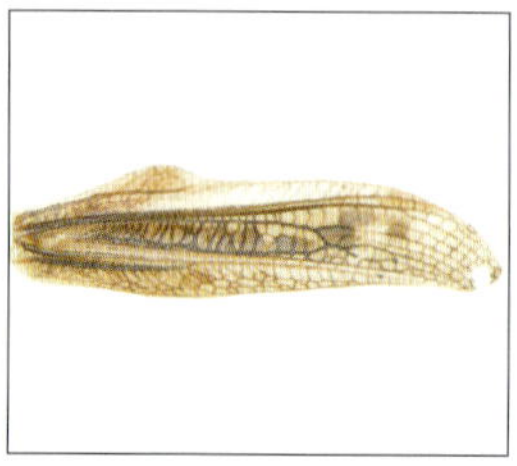

体型中等偏小，雌性比雄性略大。头短于前胸背板，头侧窝明显，狭长方形。触角细长，黄褐色，端部暗褐色；雄性触角端部明显膨大，超过前胸背板后缘；雌性端部略膨大，刚达前胸背板后缘。前胸背板侧隆线黑褐色；后横沟位于中部之后，雌性沟前区长度为沟后区的 1.2 倍。前翅黄褐色；雄性前翅发达，到达后足股节的末端；雌性前翅较短，不到达后足股节的末端。前翅缘前脉域全长不到达前翅中部，基部明显扩大；前、后肘脉在雄性中全长明显分开，在雌性中部分相连；中脉域较宽。前足胫节在雄性中粗长，不呈梨形，在雌性中正常。股节内侧下隆线具有发音齿。雄性生殖板短锥形，顶端钝圆。雌性产卵瓣粗短，顶端钩状。体长：雄性 14.9~21.0mm，雌性 20.4~25.0mm。体色黄褐色、褐色，有些混杂绿色。

棒角蝗属 >>

毛足棒角蝗

Dasyhippus barbipes (Fischer von Waldheim, 1846)

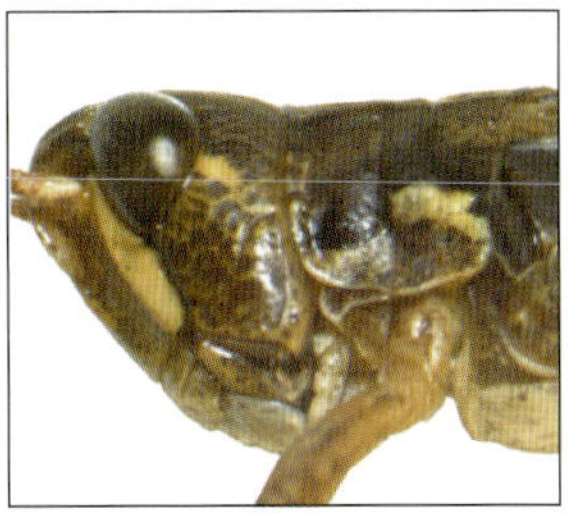

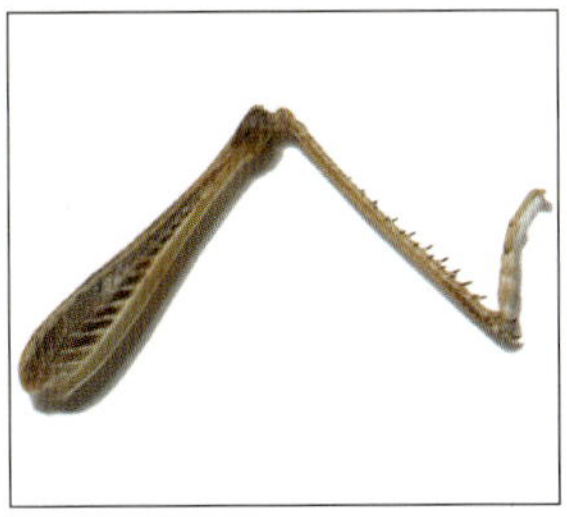

体型细小，雌性大于雄性。雄性触角细长，顶端数节极膨大；雌性触角较短，端部略膨大；顶端暗褐色。复眼前方向下至上唇基具白色条纹。前胸背板侧隆线呈弧形向内弯曲。前胸腹板在两前足基节间略隆起。中、后胸腹板侧叶均明显分开。前、后翅发达，雄性略不到达或到达后足股节的末端；雌性不到达后足股节的末端。前翅前缘脉域基部具白色条纹。前足胫节下侧具有细长绒毛。后足股节内侧下隆线具发音齿，基部内侧具暗色斜纹。雄性肛上板三角形，具中纵沟；尾须柱状，端部扁，顶圆；下生殖板短锥形，顶端略钝。雌性产卵瓣粗短，顶端较尖，略呈钩状；下生殖板后缘中央略凹陷。体长：雄性 13.4~19mm，雌性 14.5~21mm。体色黄褐色。

北京棒角蝗

Dasyhipps peipingensis Chang, 1939

体型较小，雌性体型大于雄性。头部较大而短，短于前胸背板。头顶较宽，顶端直角形，头侧窝明显，狭长四角形。触角细长，超过前胸背板后缘，顶端暗色，数节膨大。复眼后至前胸背板侧隆线外缘具暗褐色纵带。前胸背板前缘较直，后缘弧形；中隆线较低，侧隆线在中部稍弯曲；后横沟切断中隆线和侧隆线，在中隆线处向前弯曲；沟前区大于沟后区。前胸背板侧片后下角有1个白色斑块。前翅狭长，超过后足股节的末端，其长为宽的6倍，翅顶尖圆；前缘脉域基半部具白纵纹。前足胫节下侧略具稀疏短绒毛。后足股节外侧上基片长于下基片，膝部黑色或暗褐色。后足胫节黄褐色，基部黑色，缺外端刺，外缘具刺12~14个，内缘具刺12~13个。后足跗节第1节长为其余2节之和。雌性较粗壮。触角端部6~7节略扁宽。前翅较短，到达后足股节末端。体长：雄性16.0~18.3mm，雌性20.0~22.5mm。体色黄褐色。

蚁蝗属 »

宽须蚁蝗

Myrmeleotettix palpalis (Zubovski, 1900)

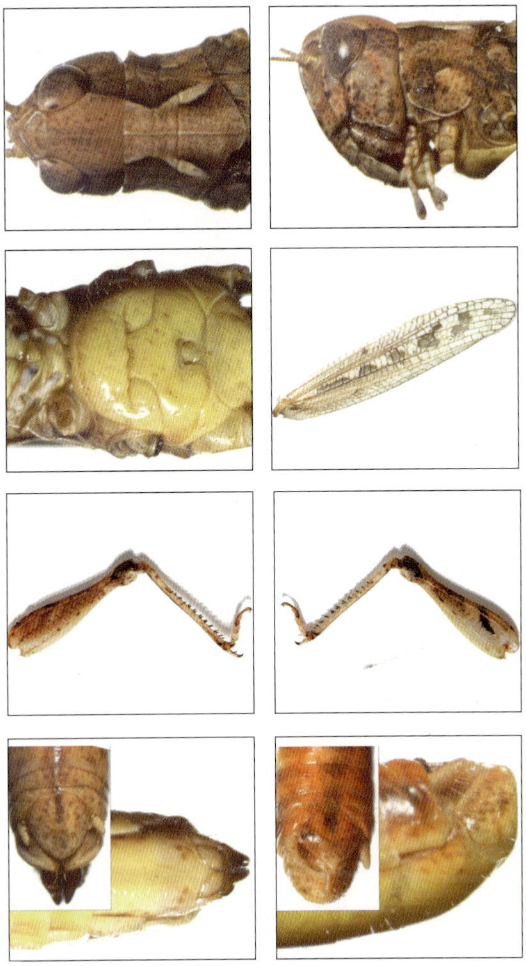

体型较小，雌性体型大于雄性。头侧窝狭长四角形。雄性下颚须端节宽大，长为宽的 1.5~2 倍。雄性触角顶端膨大，超过前胸背板后缘；雌性触角则不到达前胸背板后缘，端部膨大不明显。前胸背板在沟前区侧隆线外侧、沟后区侧隆线内侧具黑褐色纵纹；中隆线明显，侧隆线呈角形向内弯曲，雄性最宽处约为最狭处的 1.7 倍，雌性的为 2 倍；后横沟位于中部之前。后胸腹板侧叶彼此分开。前翅发达，到达或略不到达后足股节的端部，暗褐色。缘前脉域在基部不膨大，呈狭条状，超过前翅中部；中脉域具 4~5 个黑斑，最宽处为肘脉域的 1.5~2 倍。鼓膜孔呈狭缝状。股节黄褐色，内侧基部具黑色斜纹；雄性外侧下膝片黑色，雌性淡色。胫节黄褐色，基部黑色。跗节爪间中垫超过爪之中部。雄性尾须锥形，不超过肛上板顶端；下生殖板短锥形，顶端较钝。雌性产卵瓣粗短，上产卵瓣上外缘光滑，顶端略呈钩状，下生殖板后缘中央呈三角形突出。体长：雄性 9.2~12.2mm，雌性 12.6~16mm。体色黄绿色、黄褐色或黑褐色。

长翅蚁蝗

Myrmeleotettix longipennis Zhang, 1984

体型略大。触角端部略膨大，雄性超过前胸背板后缘，雌性到达前胸背板后缘。前胸背板侧隆线下缘具黑色纵带纹；侧隆线在沟前区呈弧形弯曲；后横沟位于前胸背板近中部。头侧窝长方形，长为宽的2.5倍；下颚须宽扁，长为宽的2倍。前、后翅发达，顶端均超过后足股节的端部。前翅前缘平直，缘前脉域成狭条状，超过前翅中部；中脉域具5个黑褐色斑点，最宽处为肘脉域最宽处的2倍。雄性腹部端部数节橘黄色或橘红色。后足股节上部褐色，外侧上隆线和下隆线间为黄褐色，底侧黄白色；端部和胫节基部黑色；内侧下隆线具有发音齿。雌性上、下产卵瓣粗短，外缘平滑；下生殖板后缘具三角形突出。体长：雄性11.6~12.1mm，雌性13.7~15.1mm。体色黑褐色，腹面黄白色。

蛛蝗属 »

黑肛蛛蝗

Aeropedellus nigrepiproctus Kang & Chen, 1990

头顶端部锐角形。前胸背板中隆线明显，侧隆线在沟前区部分略呈弧形弯曲。头侧窝狭长，长为宽的2.5倍。雄性触角棒状，超过前胸背板后缘；雌性触角端部略膨大，较短，不到达或刚到达前胸背板后缘。前胸背板沟前区略隆起。前胸腹板在两前足之间呈锥形突起。中胸腹板侧叶间的中隔宽，其宽度大于长度。后胸腹板两侧叶分开。雄性前翅超过腹部末端，前缘脉域极宽，其最宽处大于缘前脉域宽的 2.3 倍，且大于中脉域宽的 1.9 倍。雌性前翅较短，达到腹部第 5 节背板；前缘脉域较宽，其最宽处为缘前脉域的 1.25 倍，为中脉域的 2 倍。股节内侧具 2 条黑色斜纹；上、下中隆线不光滑；膝侧片顶端圆形。雄性腹部末节背板边缘、肛上板和肛侧板上缘均为黑色；鼓膜器发达，孔为卵圆形。下生殖板短锥形。雌性肛上板三角形，下产卵瓣顶端呈钩状弯曲，下生殖板后缘中央梯形凹入。体长：雄性 12~13.5mm，雌性 15~16.5mm。体色暗褐色。

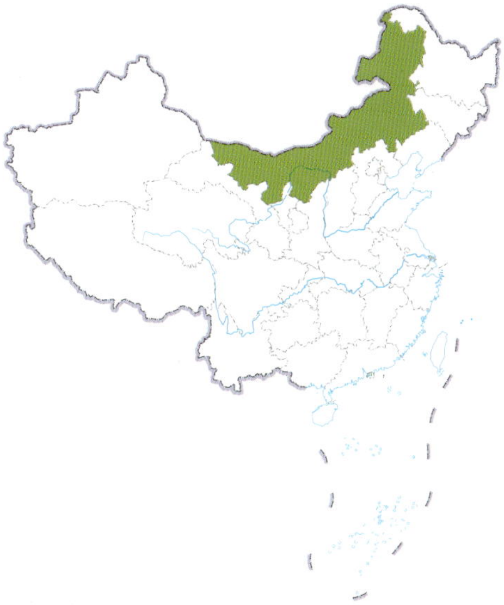

锡林蛛蝗

Aeropedellus xilinensis Liu & Xi, 1986

触角棒状，超过前胸背板后缘。雄性前翅到达后足股节顶端；雌性前翅宽短，其顶端略超过后足股节中部。头顶背面低凹，侧隆线明显，顶端近直角形。前胸背板中、侧隆线均明显，侧隆线在沟前区呈弧形弯曲。头胸侧面观：头侧窝狭长，长为宽的 2.5~3 倍。横沟明显，切断中、侧隆线，后横沟几乎位于中部，沟后区侧隆线间最宽处约为沟后区长的 1.4 倍。前翅前、后肘脉全长分开。雄性前缘脉域很宽，其最宽处为中脉域最宽处的 1.5 倍，为缘前脉域最宽处的 2 倍；中脉域略宽于肘脉域。雌性前缘脉域较狭，其最宽处与中脉域最宽处或缘前脉域最宽处几乎等宽；后翅短于前翅。后足：股节匀称，膝侧片圆形；内侧基部具暗色斜纹，下隆线具发达的音齿列。雄性腹部末节背板纵裂，肛上板近宽舌状，中央具宽浅纵沟；尾须侧扁，其顶端到达肛上板的端部；下生殖板短锥形。雌性尾须短，顶端仅到达肛上板的中部；下生殖板后缘中央具弧形凹口；下产卵瓣下外缘具浅凹口。体长：雄性 13~15mm，雌性 14.3~17.6mm。体色暗黑色。

8. 剑角蝗科
Acrididae

剑角蝗科，体细长，体表通常光滑。颜面倾斜，与头顶组成锐角。触角剑状，触角节较扁平，近基部的触角节宽大于长。

鸣蝗属 »

条纹鸣蝗

Mongolotettix vittatus (Uvarov, 1914)

体型较小，雌性体型大于雄性。头部较大，颜面向后倾斜，与头顶呈锐角。头顶背面中央具褐色纵带，延伸至前胸背板后缘；复眼后部的褐色眼后带延伸到前胸背板眼后缘。触角剑状，雄性略超过前胸背板后缘，雌性仅到达后缘。前胸背板前缘平直，后缘圆弧形；中隆线明显，侧隆线几乎平行；两侧隆线沟前区高于沟后区。前胸腹板平坦。雄性前翅发达，颜色透明。雌性前翅鳞片状，侧置，到达第 2 腹节的中部。前翅中闰脉域缺中闰脉，雄性端部具凹口。雌性亚前缘脉域为乳白色条纹。股节内侧下隆线具密而明显的发音齿。雌性产卵瓣狭长，上产卵瓣之上外缘具细齿。体长：雄性 14.5~18.5mm，雌性 23.6~27.5mm。体色黄白或黄褐色。雄性颜色较深。蝗卵形态见下右图。

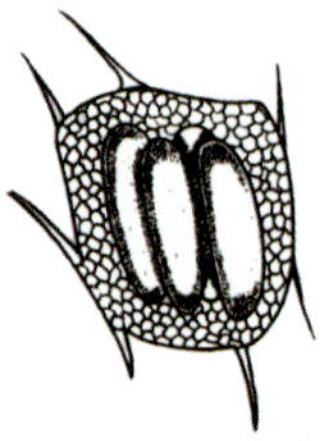

剑角蝗属 »

中华剑角蝗

Acrida cinerea (Thunberg, 1815)

体型为中大型。触角剑状。头部较长，明显长于前胸背板；头顶突出。前胸背板宽平，具细小颗粒；侧片的后缘较凹入，后下角呈锐角形向后凸出。前胸背板侧隆线在沟后区较分开，后横沟直，不向前弧形弯曲。前胸腹板平坦。中胸腹板侧叶间中隔为长方形，长为宽的 3 倍。后胸腹板两侧叶彼此分开。前翅超过后足股节端部，端部尖锐，中脉域具中闰脉。后翅淡绿色，端半部翅脉具有发音齿，可与前翅的纵脉摩擦发音。股节和胫节为褐色或绿色，外侧上、下膝侧片顶端均具有尖锐的刺。雄性下生殖板长锥形，肛上板近圆形。雌性产卵瓣粗短。体长：雄性 30~47mm，雌性 58~81mm。体色多为绿色或褐色，体表纹路在个体间存在较大差异。

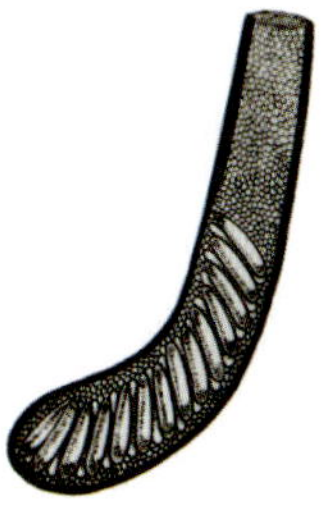

长腹蝗属 »

白条长腹蝗

Leptacris vittata (Fabricius, 1787)

体型较大，且雌性大于雄性，细长，体表分布细密刻点。头略短于前胸背板，颜面倾斜显著，具粗大刻点和皱纹；颜面隆起上狭下宽，侧缘隆起。头顶向前突出，长度大于宽处。触角剑状，略宽。身体两侧各具有银白色纵条纹，自触角基部沿复眼下、颊部下、前胸背板侧片下缘，延伸至后足股节外侧下半部，直到膝前部。前胸背板密布网状皱纹和刻点；中隆线低，无侧隆线；前缘略呈弧形，中央微凹，后缘圆弧形；侧片长大于高，下缘直，前下角向前呈角形突出，后下角直角形。前胸腹板突侧扁，三角形。中、后胸腹板侧叶相毗连。前翅发达，狭长，顶圆，到达第 7~8 腹节背板；后足股节细长，短于腹部，上隆线平滑；下膝侧片延长，长于上膝侧片。前翅褐色，具暗褐色小斑点。后翅基部玫瑰红色。后足胫节具外端刺。爪间中垫超过爪顶端。后足股节内侧膝前具 1 黑横斑。后足胫节褐色。雌性上产卵瓣上外缘具 2~3 个小齿；下生殖板极长，后缘呈圆弧形突出。体长：雄性 52.0~56.0mm，雌性 60.0~63.0mm。体色红褐色。

参考文献

1. Cao C Q, Shi J P, Yin Z. A new species and a key to 19 species of the genus *Traulia* Stål, 1873 (Orthoptera: Catantopidae) from China[J]. Zootaxa, 2015, 4040(4):494.
2. Li X J, Shi J P, Dang Y. A review of the genus *Eotmethis* (Orthoptera, Acridoidea, Pamphagidae) with two new species and key to known species of the genus from China[J]. Zootaxa, 2016, 4144(1):138.
3. Pfadt R E. Field guide to common western grasshoppers[M]. Third Edition.The University of Wyoming, 2002.
4. Rentz D C F, Lewis R C, Su Y N. A guide to Australian grasshoppers and locusts[M]. First Edition. Natural History Publication, 2003.
5. Yin X C， Li X J， Yin Z. Two new species of the genus *Eotmethis* from China (Orthoptera: Acridioidea: Pamphagidae)[J]. Zoological Systematics, 2014, 40(1):58-62.
6. Ye B H, Shi J P, Yin Z. Two new species of the genus *Sinopodisma* Chang, 1940 (Orthoptra, Acridoidea, Catantopidae, Podisminae) from Taiwan, China[J]. Zootaxa, 2017, 4258(6):574.
7. Ye B H, Shi J P, Zhi Y C. Two new species of the genus *Eotmethis* (Orthoptera, Acridoidea, Pamphagidae) from China[J].Zootaxa, 2015, 4032(1):141.
8. Ye B H, Yin Z, Li X J. Two new species of the genus *Haplotropis* Saussure, 1888 (Orthoptera, Acridoidea, Pamphagidae) from China[J]. Zootaxa, 2016, 4132(3):431.
9. Yin X C, Zhi Y C, Yin Z. Two new species of the genus *Sinopodisma* (Orthoptera:Acridoidea:Catantopidae:Podisminae) from China[J]. Zoological Systematics, 2015, 40(3):349-354.
10. Zhi Y C, Shi J P, Dai L. Two new species and key to four species of the genus *Humphaplotropis* from China (Orthoptera: Pamphagidae, amphaginae)[J]. Zootaxa, 2015, 4032(1):134.
11. 陈永林 . 中国主要蝗虫及蝗灾的生态学治理 [M]. 北京：科学出版社 , 2007.
12. 蒋国芳 , 郑哲民 . 广西蝗虫 [M]. 桂林：广西师范大学出版社 , 1998.
13. 李鸿昌 , 夏凯龄 . 中国动物志：昆虫纲 . 第四十三卷：直翅目 , 蝗总科 , 斑腿蝗科 [M]. 北京：科学出版社 , 2006.
14. 李新江 , 张道川 , 印象初 , 等 . 中国短鼻蝗属一新种 (直翅目 , 蝗总科 , 癞蝗科)[J]. 动物分类学 , 2009, 36(4):227-230.
15. 李新江 , 王文强 , 印象初 , 等 . 中国突颜蝗属一新种 (直翅目 , 蝗总科 , 癞蝗科 , 锯癞蝗亚科)[J]. 动物分类学 , 2013, 38(3):535-537.
16. 李新江 , 曹成全 . 中国驼笨蝗属一新种 (直翅目 , 癞蝗科 , 癞蝗亚科)[J]. 昆虫分类学报 , 2014(1): 15-17.
17. 刘举鹏 , 席瑞华 , 李炳文 , 等 . 中国蝗卵图鉴 [M]. 西安：天则出版社 , 1990.
18. 刘举鹏 , 席瑞华 . 中国蝗卵的研究：十二种有危害性蝗虫卵形态记述 [J]. 昆虫学报 , 1986, 29(4): 409-414.

19. 刘举鹏 . 中国蝗虫鉴定手册 [M]. 西安：天则出版社 , 1990.

20. 任炳忠 . 东北蝗虫志 [M]. 长春：吉林科学技术出版社 , 2001.

21. 夏凯龄 . 中国动物志：昆虫纲 . 第四卷 [M]. 北京：科学出版社 , 1994.

22. 许再福 . 普通昆虫学 [M]. 北京：科学出版社，2009.

23. 肖云丽 , 印展 , 印象初 . 中国蝗虫一新属一新种 (直翅目 , 癞蝗科 , 癞蝗亚科)[J]. 动物分类学报 , 2013, 38(1):87-89.

24. 印象初 , 夏凯龄 . 中国动物志：昆虫纲 . 第三十二卷：直翅，蝗总科 , 槌角蝗科 , 剑角蝗科 [M]. 北京：科学出版社，2003.

25. 印象初 . 青藏高原的蝗虫 [M]. 北京：科学出版社 , 1984.

26. 张德兴 , 闫路娜 , 康乐 , 等 . 对中国飞蝗种下阶元划分和历史演化过程的几点看法 [J]. 动物学报 , 2003, 49(5): 675-681.

27. 赵昆 , 张欣杨 , 尹学伟 , 等 . 北京地区常见蝗虫原色图谱 [M]. 北京：中国农业大学出版社 , 2011.

28. 郑哲民 , 许文贤 . 陕西蝗虫 [M]. 西安：陕西师范大学出版社 , 1990.

29. 郑哲民 . 蝗虫分类学 [M]. 西安：陕西师范大学出版社 , 1993.

30. 郑哲民 . 中国蝗虫的分类学研究 [M]. 西安：陕西师范大学学报 , 2003.

31. 郑哲民 , 夏凯龄 . 中国动物志：昆虫纲 . 第十卷 [M]. 北京：科学出版社，1998.